华 章 心 理

打开心世界·遇见新自己

# 全职妈妈指南

点亮家庭与自我的
完满人生

桃子 / 著

## 图书在版编目（CIP）数据

全职妈妈指南：点亮家庭与自我的完满人生 / 桃子著 . —北京：机械工业出版社，2021.1

ISBN 978-7-111-67246-3

I. 全… II. 桃… III. 女性–家庭生活–指南 IV. C913.11-62

中国版本图书馆 CIP 数据核字（2021）第 004600 号

  目前全国至少有 9400 万城镇全职妈妈，这个数字还会随着二孩家庭的增多而不断变大。虽然全职妈妈对家庭贡献巨大，但是她们承受着巨大的心理压力。本书作者曾为近千名妈妈提供咨询，在女性人生管理方面有超过 10 000 小时的研究，她深知全职妈妈的"痛点"。本书使用真实的案例故事以及有效的心理学方法，旨在帮助全职妈妈做好情绪管理、处理好亲密关系、调整好自己的心态，在照顾好家庭的同时提升自我价值。

## 全职妈妈指南：点亮家庭与自我的完满人生

| | |
|---|---|
| 出版发行： | 机械工业出版社（北京市西城区百万庄大街 22 号　邮政编码：100037） |
| 责任编辑： | 邹慧颖　彭箫 |
| 责任校对： | 殷虹 |
| 印　　刷： | 北京诚信伟业印刷有限公司 |
| 版　　次： | 2021 年 2 月第 1 版第 1 次印刷 |
| 开　　本： | 147mm×210mm　1/32 |
| 印　　张： | 6.125 |
| 书　　号： | ISBN 978-7-111-67246-3 |
| 定　　价： | 59.00 元 |

| | |
|---|---|
| 客服电话：（010）88361066　88379833　68326294 | 投稿热线：（010）88379007 |
| 华章网站：www.hzbook.com | 读者信箱：hzjg@hzbook.com |

版权所有 · 侵权必究
封底无防伪标均为盗版　本书法律顾问：北京大成律师事务所　韩光 / 邹晓东

# 序 言

## 生孩子等于涅槃重生，这一生你要怎么活

自从开始研究女性的人生管理，我采访过许多优秀的女性，其中一个采访问题是，她们现在容光焕发的原因是什么。有一位喜马拉雅（知名音频分享平台）金牌讲师的回答令我印象深刻。她说："我一直都在按照父母为我规划好的路线，努力学习考上名牌大学，到了年纪择良人结婚生子。这些仿佛是父母给我布置的任务，完成之后我开始感到茫然。那作为个体的我，人生意义究竟是什么？当我努力去寻找人生意义，并且找到答案时，内心就多出一份通透感，这应该是我看起来容光焕发的原因吧。"

与此同时，我也为上千名在生活中遇到各种困境的妈妈们，尤其是全职妈妈，做过咨询。每次在咨询结束时，我都会问一句："你的人生意义是什么？"大部分时候，对方听到这句话，会一脸

茫然或是露出惊讶的表情。最常见的回答是"我没有思考过"。

生为女人，我们中许多人都会有生孩子这样一个"坎儿"。十月怀胎，大部分内脏会错位，骨盆会撑开，生产时那种痛也是撕心裂肺的。夸张一点儿说，生孩子之前的那段岁月可以称之为一个女人的"前世"；生完孩子之后的此刻，可以说她是脱胎换骨、重获新生了。

现在这个新生的你，认真思考过该怎么活吗？

我大学没毕业就开始创业了，短短五年时间，创办了三家企业，接受过央视的采访。正当事业一路高歌的时候，我发现自己怀孕了。当时我的想法是，拥有全世界又如何，最重要的当然是肚子里这个小生命，还有爱我的家人。所以，我选择了回家，并且做了五年的全职妈妈。那个做企业很成功的我，想当然地认为，经营家庭有什么难的，自己一定可以做得很好。可惜的是，那五年，我和先生争吵不断，儿子也没有像我以为的那样从小天赋异禀，而且他觉得和妈妈相处颇有压力。我至今清楚地记得，有一次先生约我出去吃饭，我穿戴整齐，他看到后一愣，说："老婆，我好久没见过你不穿睡衣的样子了。"那一刻我在想，平日的我在先生眼里，应该是毫无光彩的。

我不希望毫无光彩地度过一生。所以，我重新出发了。因为重新出发特别难，而且我想要帮助和我一样差点失去光彩的妈妈们，所以我在2017年创办了点亮妈妈平台。在三年时间中，这个平台遭遇了各种困境，但幸运的是得到了妈妈们的支持，每次总能绝处逢生，也先后拿到了两位商界名流的投资。

和在家全职照顾孩子的日子相比，现在的我照顾孩子、料理家务的时间少了许多，不过结果却比我意料的好。当年我是认定了要赚够钱，然后和先生结束婚姻才出门再次创业的，而如今我和先生的感情早就恢复如初，两个孩子的成长也没有因为我的忙碌而被耽误，相反，比我当年在家，时时刻刻紧盯着他们不放的效果，好太多了！

当然，这并不是说只有全职妈妈才会面临这些问题。就在不久前，一位朋友找到我，哭诉说先生要和她离婚。她的工作待遇优厚，同时也不算太忙，按理说可以很好地兼顾家庭与工作，那么矛盾从何而起呢？原来是因为她早就放弃了自我成长，一如当年全职在家的我。她告诉我，自己除了照顾孩子，就是用看连续剧、看小说来打发时间。慢慢地，她和先生的共同语言越来越少，每次聊天都会以先生指责她"你懂什么"作为结束。她也很气愤，心想：我为什么要懂？我把你们照顾好不就行了吗？

为什么要懂呢？我和她的经历里就藏着这个"我为什么要懂"的答案。当你放弃了自我，把人生的价值依附于家庭，这会让你面临无法掌控自己前途命运的危险。万一哪天孩子要独立生活了，万一哪天先生要移情别恋了，你会不会感觉无助亦无力？在现代社会里，我们对自己的前途命运拥有更多的选择权利。你我当然可以选择以家庭为重，但也得明白这背后可能存在的风险。不仅如此，就算以家庭为重，也不代表我们就要把自己活成家庭的依附品，希望你能够撕掉"妈妈""妻子""女儿"等身份标签，激发自己生命的能量，活出你作为个体的光彩。**当你整个人由内而外散发着光彩时，你就不必再费尽心思让孩子发光，因为你的光足以照亮他、点亮他。**同样，你家庭的每一位成员，包括你的先生，都会沐浴在你的光芒之中，你身边的每一个人都会不由自主地说一句:"呀!你的状态真好。"

那么要怎么做,你才能撕掉标签,激发自己生命的能量呢?**首先,不要停止学习,不要认为学习只是孩子的事情。**我们的大脑遵循"用进废退"的原则。换句话说,如果你使用得多,它的状态就会越好;而如果你使用得少,大脑慢慢就会退化。如果你停止学习,意味着你的思维和能力都会逐渐退化。退化之后你想要再恢复回来,会非常辛苦。我深深记得重新出发之后,第一次参加企业家的培训时,我竟然有一大半内容都听不懂,回家花了大量时间再学习,完全不复当年勇。**其次,要独立,但不要独行,你一定要有自己的圈子。**这个圈子可不是指吃喝玩乐的圈子,而是能彼此支撑、共同成长、共同发展的圈子。适当的时候去参加一些线下课程,或是去听一些资深人士的分享,并且在现场和更多人建立联结,你会看到自己整个人都是发着光的。当然,**最后一点,那就是认真想一想,"前世"已过,"今生"撕掉那些标签,作为独立的个体,你想做什么?**有没有梦想值得你追逐?有没有一份事业值得你用十年,甚至更长时间去雕琢?不要允许自己浑浑噩噩地过日子,请努力让自己活得精彩。

当你活出精彩时,你的孩子也会被感染,未来的他看过什么是不将就的人生,也就不会去过任何将就的人生,这将是你能给孩子最好的礼物。我最后想说的是,成为妈妈,宛若新生。我希望,这新的一生,你我都能活出真我,活成自己的孩子乃至身边人的榜样!

# 目　录

序言　生孩子等于涅槃重生，这一生你要怎么活 / III

## 第 1 章　她们的前半生，万千全职妈妈的缩影 / 003

他说"我养你"，我信了 / 003

孩子说，他不希望你来开家长会 / 006

走出家门，她竟然无处可去 / 008

"你懂什么？" / 010

## 第 2 章　这些全职妈妈会踩的"坑"，你踩了几个 / 015

爱发散的"脑回路"是个局 / 015

放下对错，它才不是你的真爱 / 023

能量不能"负负得正" / 029

不要让你的防御系统一直处于战备状态 / 035

不要相信"性格不合就该离婚"的说法 / 041

**第 3 章　别让你的自我"跑龙套" / 051**

　　当妈更要爱自己 / 051
　　全职妈妈也该有下班时间 / 056
　　收起你的习得性无助 / 065
　　用正念化解你的情绪 / 074
　　做个闪闪发光的魅力妈妈 / 084

**第 4 章　做家庭的主人，顾好你的小家 / 099**

　　摘掉有色眼镜，看见美好 / 099
　　从心认识你的伴侣，拥有爱情的美好 / 106
　　从心认识你的孩子，不做羁绊而做灯塔 / 113
　　从心认识你的父亲，现在换你来爱他 / 120
　　从心认识你的母亲，做她的精神支柱 / 126
　　从心认识你的婆婆，不做天敌做同盟 / 133
　　建立生活女主角的金字塔模型 / 143

**第 5 章　实现自我价值 / 153**

　　万能思维公式，你独立的起点 / 153
　　兼职时代，你有许多事业可以做 / 169
　　不要让事业来挑你，你的价值你做主 / 172
　　把手甩起来，步子自然就迈开了 / 176

后记 / 181
彩蛋　究竟要不要做全职妈妈 / 184

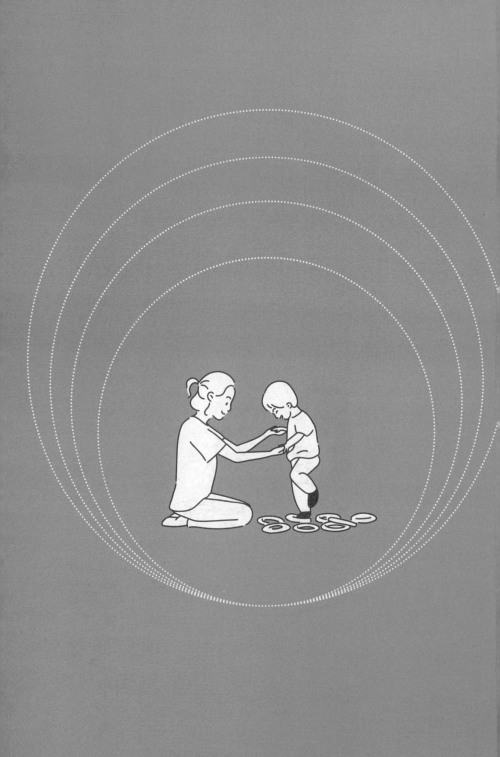

第 1 章

# 她们的前半生，万千全职妈妈的缩影

四个故事，万千全职妈妈的缩影，你在哪个故事中看到了自己？

## 他说"我养你"，我信了

"他给我打了通电话，说'老婆，我养你'，我就愉快地辞职回家了。"坐在我面前的景然保养得当，可以说是"人生赢家"，生活不愁，儿女一双，事业小成。只是当她回首当年时，脸上的表情很复杂。景然从怀上大女儿回家，一晃快五年。在做全职妈妈之前，她是咨询公司的"白骨精"⊖，事业风生水起，但她一直觉得女人不应该这么要强。因为工作的关系，她遇到了现在的先

---

⊖ "白骨精"意为"白领""骨干""精英"。

生，很愉快地就嫁给他了，只是没想到结婚不到一年，意外怀孕了。先生希望景然回家，因为他很疼爱自己的妻子，不舍得她怀孕了还过于辛苦。更何况，景然在咨询圈小有名气，能把她娶回家做全职太太，这绝对是可以夸耀一辈子的事。

起初几年，岁月静好，景然也用心陪伴女儿的成长，偶尔出门喝个下午茶、看个展。有时看先生工作忙碌，她也觉得不好意思，问先生："你希望我出门工作再多挣些钱吗？"先生摸摸她的头，说："老婆开心就好，不必操心钱的事。"

时光荏苒，景然又为先生诞下一个"小王子"。不知何时起，先生对景然积聚了许多怨气。"战争"源于生第二个孩子月子期间积累的家庭矛盾，景然觉得委屈，和先生起了争执。最令景然气愤的是，先生找丈母娘吐槽她的各种不是，有句话尤其刺耳，"这么差的脾气入了社会就得成失败者"。先生全然忘记了当年景然也是职场的"白骨精"。

吵归吵，景然并没有想过离婚，直到有一次她和先生一起出去。先生超车，被超车的人火气特别大，硬是别过来把他俩的车拦下，并且破口大骂，先生觉得没必要理会，但是也有点没好气，敷衍地道歉，可是对方不依不饶。景然看不下去，冲过去解围："能不能讲讲理啊？你们开得那么慢，我们开得快一点，开到你前面，完全不影响你开车，怎么就妨碍你了？这样的话，你下次出门雇个警车开道比较好！保证没人超你。"对方指着景然说："瞧瞧你妻子，这么'毒舌'！兄弟，你在家苦吧？"先生一脸阴沉，回家之后，对景然说："你看，连陌生人都说你'毒舌'。"景然怆然，当她心里还想着维护这个男人时，这个男人的心里却对她满

## 第1章 她们的前半生，万千全职妈妈的缩影

是嫌弃和不满。不能互相欣赏的婚姻，还有意义吗？

时光倒回五年前，有一次她批评开车的人该礼让行人，结果对方下了车和她理论，那个人比景然先生高很多，但景然的先生毅然挺身而出与对方理论，然后满脸担心地对她说："下次我不在的时候不要多嘴。"景然安抚着自己受伤的内心，对自己说："不是我毒舌，而是先生不爱我了。他确实养着我，但这是'受气饭'，很难下咽，我必须要走出去。"

景然准备出门找工作。好在身边的朋友很热心，很快她就得到了几个面试机会，她开出的薪资条件是当年的一半，然后坦陈了自己在家五年照顾孩子的经历。结局就是，有的公司担心她出山就是为了闹着玩，不会认真工作的；有的公司觉得她资历太高，与现在的职位不匹配……理由五花八门，总之没人愿意录用她。

当年辞职回家，景然将各种礼服、职业装尽收箱底，想着再也不用穿这类"受罪装"了，做自己真好！而今收拾衣柜，翻出这些"受罪装"，她竟有些怀念，被家里家外的人这么一遍遍否定，也只有拿出这些陈年辉煌才能鼓励自己振作起来。景然说："我自认为内心强大，一直不太在意别人的眼光，但现在才肯低头承认，生活在人海中，不锚定别人，怎知自己的位置？内心再强大，我也需要外在的肯定。"

从失意中恢复过来，景然理性地分析，用人单位究竟介意她哪些地方。她发现主要是五年的全职妈妈经历和她以前那么高的薪资，现在竟肯半价任职，反过来想，如果当年自己面对这么一个失魂落魄的人，也不会任用。这时候，景然明白了，要想找到一份合适的工作，可能只有靠以往在职场积累的人脉了。她整理

了一份拜访清单，逐个前去拜访，告诉对方她有出门工作的打算，但一时间不知从何着手，所以出门问问老熟人的意见。每一天出门，景然都会对着镜子里的自己说一声："景然，不要放弃，你没有路可退了，只有加油！"两周以后，景然终于找到了一份咨询分析师的工作，月薪一万五千元。签完劳动合同的那天，她一个人哭了很久。

## 孩子说，他不希望你来开家长会

"我养他这么大，他居然嫌弃我，不让我去开家长会！"峰峰妈边说边哭了出来，扬手擦眼泪。习惯了看见修着漂亮指甲、细皮嫩肉的手，峰峰妈的手让我不由地多看了几眼。她的手很厚，一看就没少干活，尤其是手背有一道长长的疤痕。见我看她的手，峰峰妈把手缩了回去，喃喃道："孩子10岁生日做三黄鸡，不小心刀切在手上了，当时缝了好多针。"说到这里，她又难过起来："这孩子，我哪有一点没尽到做妈的责任？他居然嫌弃我！"

的确，如果用是否把孩子照顾得无微不至来衡量一个妈妈是不是好妈妈，那峰峰妈绝对是一个好妈妈。峰峰刚出生时，峰峰妈抱着她的小天使，情不自禁地说："我会永远爱你，胜过爱我自己。"她没想过回公司上班，毕竟，养育孩子就是她最重要的事业了。小峰峰学会走路了，小峰峰会喊妈妈了，小峰峰小时候只要妈妈一个人，这些甜蜜瞬间让她觉得所有付出都是值得的。小峰峰上幼儿园了，峰峰妈坚持每天早起为他做花式早餐，并且骄傲地晒朋友圈。小峰峰爱吃西瓜，峰峰妈会买带黑籽的西瓜，因为

## 第 1 章
### 她们的前半生，万千全职妈妈的缩影

这种西瓜最好吃，然后她会把西瓜籽一粒一粒剔掉，再给儿子。冬天怕儿子穿衣服冷，峰峰妈会早起，用吹风机先把衣服吹热再给他穿上。

不知什么时候起，小峰峰长大了，他开始喜欢独自待在房间里，有一次好不容易小峰峰陪妈妈出门，峰峰妈说："我们好久没合影了，一起照个相吧。"他慌忙躲开，峰峰妈只怪自己有个"直男"儿子。峰峰妈 38 岁生日那天，儿子送了她一支口红，说："妈妈，我看同学妈妈涂口红特别好看，我希望你也好看。"峰峰妈又感动又好气，说："儿子，你哪儿来这么多零花钱？妈妈不爱打扮，别乱花钱了！"生活上事无巨细的峰峰妈，居然没有留意到这一刻儿子脸上失望的表情。峰峰上初中了，成绩还行，但和妈妈的交流越来越少，很多时候峰峰妈很想和孩子聊几句，但峰峰经常一脸不耐烦。

现在的峰峰已经开始嫌弃妈妈了，他已经不记得小时候有多么依恋妈妈了，只看得到眼前这个他得叫妈妈的女人，每天会和他说的那几句话他都能背出来了。他觉得自己的妈妈一直都穿着围裙，油光满面，不像同班同学的妈妈，穿着高跟鞋，化着精致的妆。峰峰打心底希望自己的妈妈也那么优雅，但又觉得这么想是对妈妈极大的不尊重。哪个孩子不爱自己的妈妈？峰峰有时气自己，有时气妈妈。

我问峰峰妈："给你一个选择，做妈妈和做自己，只能有一个角色做到 90 分，你选择在哪个角色上拿 90 分？"她毫不犹豫地选择了妈妈这个角色，但其实这带来了最大的困境。母爱，从来就不该是忘我的自私，如果你在忘我的同时，希望家人来爱你，那

么对不起,你都不爱自己,又如何要求别人爱你?任何时候,你都应该选择做 90 分的自己,因为当你放弃在妈妈这个角色上拿高分时,才能给孩子空间;当你在自己这个角色上努力做到 90 分时,你的孩子才能有样学样,也在"自己"这个角色上拿高分。

后来,峰峰妈开始学习制作短视频,她想做个美食达人,每天都有新的粉丝关注她。儿子几年前送的口红早被她用完了,现在她的化妆台上摆满了各种色号的口红。一个周末,她和峰峰出门散步,恰好遇见峰峰的同学,峰峰大声地和同学打招呼,说:"我妈刚拍完短视频,我陪她出来溜达一圈儿。"那一刻,太阳突然钻出来,照亮了峰峰妈的脸庞。

## 走出家门,她竟然无处可去

"我的婚姻就是大家经常说的'丧偶式婚姻'。"菁菁很平淡地说,脸上没有一丝表情,"结婚四年,我把生活过成了一个人的样子,一个人吃饭,一个人打扫卫生,一个人带孩子。先生的存在,对我来说,就是收纳筐里的脏衣服和卧室地板上永远捡不完的臭袜子。那一天,女儿发烧了,我一大早就带她去医院看病,前面有 300 个号,到了下午轮到我,验血、拿化验单、缴费、取药……我不知道在医院的楼梯上上下下多少回,到家的那一刻,手疼得都不听使唤了。没空给自己做晚饭,我把女儿哄睡,恰好老公回来了。我说'宝宝今天发烧了'。他叹了口气说,'你一天到晚连个孩子都照顾不好'。"讲到这里,眼泪在菁菁眼眶里打转。

她顿了一下,说:"当时我觉得自己就快要窒息了,夺门而出。可真把门关上,冲到大街上,我却愣住了。离开这个家,我还能去哪儿?从来没有这么晚在大街上走,心里多少有些害怕。我期盼老公来个电话,希望他焦急地找我,担心我的安全。然而,没有电话打来。我打开微信,看见他发了一条信息,'你有完没完啊?不知道孩子病着吗'。"那一刻,菁菁后悔远嫁,如果父母也在这座城市,那今晚她可以带着女儿一起回娘家。现实却是,她摔门走了,还得自己回去。先生见她进屋,又是劈头盖脸地问:"哪个当妈的像你这么狠心,女儿生病呢,说走就走?"

这次,她淡然一笑,没有看先生一眼,连和他吵架的兴趣也消失殆尽。她出去的那一刻心里就已经打算离婚了。她对自己说:"菁菁,你的未来要靠你自己了。"她没有太多积蓄,咬咬牙,贷了款,开始创业。每天坚持五点起床学习,在把女儿送到幼儿园后,她就开始了一天的忙碌。当时的她对我说:"我给自己定了个目标,每天至少给十个客户打电话,至少和三个客户见面。"每天下午,把孩子接回来,她就把一天剩余的时间留给了女儿。

过了半年时间,菁菁收获了一个大额的企业订单。为了省钱,她和物流人员一起肩扛大包,再打包发货,手和肩膀都磨破了,但她一点儿也不觉得苦,反而觉得赚到钱的自己棒极了。那天下午,在接女儿回家的路上,她兴奋地说:"回家放好书包,妈妈带你去吃好吃的!"母女俩推开家门,先生在家,家里洗衣机轰隆隆地响着。她轻描淡写地说:"我带女儿出去吃个饭。"先生说:"衣服马上洗好了,晾好后我们一起去吧。"这时候,菁菁竟然有些恍惚,这半年来,她太忙、太充实了,以至于一下子想不起来从什么时候起，脏衣服都是先生在处理，而她竟然对此没有察觉，一如当年上班很忙，无暇顾及她的先生。那天晚上，吃完晚饭，女儿一手牵着爸爸，一手牵着妈妈，不时转头望向他们，笑得特别开心。女儿说："妈妈，今晚是我最开心的一个晚上。"菁菁问："为什么呀？"女儿说："因为我看到你对爸爸笑了。"

## "你懂什么？"

"我老公出轨了，而且对方的年纪还比他大！"小菲把脸埋在手里，久久没有抬头。

小菲一直是别人艳羡的对象，一毕业就嫁了一个好老公，没有让她出门工作过一天，理由是怕她受委屈。她有两个帅气的儿子，特别有礼貌，谁看了都喜欢。小菲对自己的生活非常满意，除了接送孩子，她的日常活动就是逛街、浏览购物网站或者看自己喜欢的连续剧。如果非要说她有什么不满，那就是当她就看到的一些新闻和先生讨论时，先生会忍住笑意，说："你一天班都没上，懂这个？"

第一次她开始觉得不对劲，是在她晚上窝在沙发里看《我的前半生》时，她对一旁看书的先生说："那个'狐狸精'太坏了！老公，你可别被这种妖精'勾'跑了。"

先生不耐烦地说："你懂什么？"小菲愣住了，她原以为先生会回答："不会的，老婆，我爱你！"在他们结婚的头十年里，他还是经常会说这句话的。可就在刚刚那一刻，她突然发现，好像

## 第1章
### 她们的前半生，万千全职妈妈的缩影

有一段时间没有听到他说"我爱你"了。小菲的先生可能也意识到了不妥，过来搂了搂她，说："老婆，我不会的，别胡思乱想了。"小菲搂住先生，凑上去想索一个吻，先生敷衍地挨了挨她的脸颊，说："我今天得加会儿班。"女人的直觉通常很准。小菲很快就发现了隐情，她万万没想到，先生的出轨对象年纪比她大，保养得也没有她好！"你看上了她哪一点？"小菲气得发抖。先生沉默，然后说："小菲，对不起，我和她其实没你想的那么脏，很多时候我们在一起都是在聊天。"

小菲瘫坐在沙发上，任由目光失焦。她和先生确实不常聊天，在他们的微信对话里，小菲说得最多的是"今晚回家吃饭吗"或者"你想吃什么呀？我不知道买什么菜好"。先生说得最多的是"我今天晚上要加班"或者"吃什么都行"。小菲选择了离婚。她没有经济收入，准确地说，除了这个家，她一无所有。她和先生继续住在同一个屋檐下，甚至孩子们都没有发现父母的异样。

小菲已经变了，她不再天天捧着手机看剧、买东西，她报了英语班，还参加了沟通课，她憋着一口气呢。然而，现实远比电视剧残酷，尽管很努力，但小菲发现自己十几年没有工作，想要找一份合适的工作太难了。招聘的面试官随口问的问题，她都听不太懂。最终，她找到了一份咖啡店店员的工作，还是因为老板娘可怜她。那天，我们在咖啡店做"人生管理私董会"，她一直在旁边站着，为我们添水、倒茶。大家快离开的时候，她对我说："桃子，如果早点遇见你就好了，我现在连站起来的机会都没有了。"我抱了抱小菲，对她说："其实咖啡店就是你的机会，不要把自己看成打工者，想着这就是你的店，好好经营它，你就站起

来了。"

我第二次见到小菲，是在我们的创业分享会上，她很激动地抓着我的手，说："谢谢你的鼓励，我现在已经成为那家咖啡店的合伙人了，而且我们已经有盈利了！"其实，每个妈妈本都闪闪发亮，我只是用语言擦了一下，好让这种光芒更加耀眼。

这些故事对于你来说可能就只是故事，可能是你的过去，可能是你正在经历的，也可能藏在不确定的未来。我希望，后面的内容可以让你找回自我、平衡生活、实现价值，展开一段崭新的生命旅程，让过去的彻底过去，让正在经历的痛苦少些，让没有发生的不幸，永远不要发生。

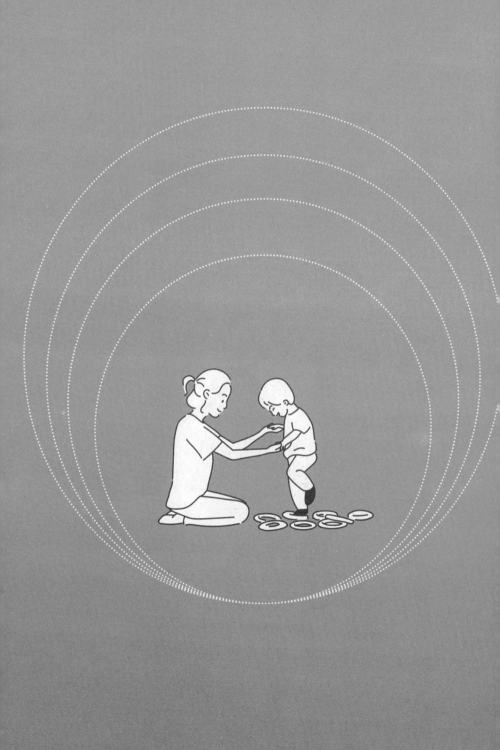

第 2 章

# 这些全职妈妈会踩的"坑",你踩了几个

> "幸福的家庭都是相似的,不幸的家庭各有各的不幸",这是托尔斯泰的名言。不过,我把这些年的咨询案例总结后发现,所谓不幸,大抵就这五个"坑",我当年就踩过。你呢,踩了几个?

## 爱发散的"脑回路"是个局

有一天,我在网上看到了一个笑话。小明对女朋友说:"你刚买的洗面奶是生姜味的啊?"女朋友小敏听他这么一问,感叹"蠢"男友连青柠和生姜都分不清。她突然就想起小明不喜欢吃生姜,自己为了将就他,做菜的时候都会去掉生姜;忽而又想起,小明却总是不记得,她不爱吃青椒;她猛然还想起,小明上次居然还记得前女友不喜欢吃豆芽……于是,小敏对男朋友说:"你自己一个人过吧!"她立马收拾东西要走。她走后,留下小明丈二和尚摸不着头脑。

### 已婚人士没那么作……才怪

"作"这个字,出自《陈州粜米》第一折:"你这个虎刺孩作死也。你的银子又少,怎敢骂我?"现在,我们主要用它来表示一个人没事找事。已婚人士可能会说:"我很成熟,才没那么作。"果真如此吗?我再举个例子,欢迎读者对号入座。

你向先生抱怨,今天你跟邻居闹了点儿小矛盾,事情的原委是怎么样、怎么样的。先生听完,忍不住呵斥你:"这么和人说话,能不吵起来吗?遇到这样的人,你不理会就得了。"这种反馈会让你感觉像吃了一闷棍,特别憋屈。在你的潜意识里,说这件事的本意是希望先生能给予安慰,却没想到他非但没有安慰的话,还反过来数落起你的不是。这时候你越想越气,内心联想功能会自动开启,你心想:"哼!还有上一次,和婆婆吵架,他也是这样,永远都是帮着别人,从来都不会考虑我的感受。我每天把家里收拾得井井有条,孩子也教育得这么好,他根本就看不见。提起这个,我猜他不是看不见,是他根本就不想看见。对,他就是不想看见,因为他根本就不爱我!"这场"内心戏"的结论可能是:"我当初怎么瞎了眼,嫁给这么一根'呆木头'?"基本上内心戏进行到这时候,眼泪或者情绪化的语言已经箭在弦上,一触即发。大部分时候,当你想"爆炸"时,遇到的"水"都会自动变成"汽油"，此刻先生的言行举止都很容易成为"点火"的行为。一旦他把你"点着"了，你可能会把刚刚"脑回路"的内容一股脑地用语言复述一遍，这个举动可能会让你的"氢气含量"（氢气多了容易爆炸）再次急剧上升，也会让先生百口莫辩。他可能会扯着嗓子喊"你有完没完"，也可能沉默不语，任由你对他"风吹雨打"。此刻，你的"脑回路"已经进行到偶像剧情节，吵架到这个时候，男生不都应该突然冲过来用一个吻结束这场争吵，然后再说："我爱你，我们不要吵了，好吗？"这样的剧情居然没有出现，于是你的内心开始新一轮的"灵魂拷问"："我是不是爱错了人？"……

### "脑回路"的锅，我们女人不背

对于以上剧情，你有没有似曾相识的感觉？其实，会有这么多的联想真不是我们的错，因为这就是许多女人大脑的特点。在2013年的一次大样本研究中，宾夕法尼亚大学佩雷尔曼医学院研究者拉吉尼·维尔马（Ragini Verma）及同事对949名8～22岁的受试者做了大脑成像研究，发现他们的大脑神经连续呈现了性别差异（如图2-1所示）。也就是说，相比男性群体，女性群体左右脑之间神经连接更丰富，所以思维很容易从A跳到B，一不小心就会发散开来。⊖

---

⊖ 资料来源于Madhura Ingalhalikar, Alex Smith, Drew Parker, Theodore D. Satterthwaite, Mark A. Elliott, Kosha Ruparel, Hakon Hakonarson, Raquel E. Gur, Ruben C. Gur, and Ragini Verma. Sex differences in the structural connectome of the human brain. *PNAS*, December 2, 2013 DOI: 10.1073/pnas.13169091100。本研究结果仅表示男女这两个群体的大脑存在统计学上的差异。

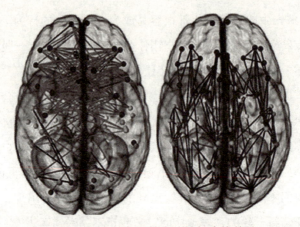

图 2-1　女性与男性大脑神经连接差异

这种大脑的优点是直觉敏锐，我们靠一点蛛丝马迹就能破案；我们很容易就能对别人产生共情，因为我们能快速从别人的事情跳到自己的感受。缺点呢，则是思维非常跳跃，而且跳着跳着，自己也不知道跳到哪儿了，很容易抓不住重点，甚至跳到了情绪里，就更糟了。当然，每个大脑都像硬币一样，有两面性。同一研究表明，男人的大脑也有自己的两面性。首先，他们的上下脑神经连接比较丰富，左右脑连接比较少。所以，当他们遇到一件事情时，男人的大脑会告诉他们，"来了个问题，我该如何解决"。这样的"脑回路"好处是处理问题比较专注，比较高效，而缺点是，共情能力比较弱，无法理解别人的感受。就如我上面讲到的那个情形，当你在抱怨邻居的时候，你以为自己发出的是"求安慰、求抱抱"的信号，然而先生的大脑接收到的，是"我老婆遇到一件事，请我给她客观地分析分析"。结局就是，很有可能你们已经吵完架了，先生觉得莫名其妙，你觉得自己真是爱错了人！

## "脑回路"让你找不着北

当然,"脑回路"远不止影响我们和先生的相处,还影响着我们的行为,影响着我们做事情的方方面面。

我参与过辅导妈妈们重新出发的短视频培训项目,妈妈们培训达标后,粉丝量很容易就涨到 1000 个,按平台规则就可以开始"带货",也就有了收入。报名参加这个项目的妈妈不少。有趣的是,进群之后,大家开始做的第一件事,是询问买什么样的三脚架,要不要买补光灯等。总之,培训还没开始,装备先行。在开始培训之后,我们本来安排一天听课、一天实操,结果第一天我们把课程和实操任务发布之后,一大半的人没有听课,也没有看实操要求,拿起手机就开始拍了,拍完后将视频上传到平台,又开始问:"为什么没有流量?是不是平台没有分发流量?"

从表面上看,这是大家做事情太浮躁了,本末倒置,但这背后,其实就是"脑回路"惹的祸,很多人的思维太习惯从一件事情发散到另一件事情上,再从另一件事情继续发散出去,之后,我们很可能已经忘记自己本来计划做什么了。这也是为什么有那么多人成为"装备党"。例如,有人觉得跑步很健康,决定要跑步,从这一刻起,她的思维会立即发散出去,想象跑步场景是什么样的,然后脑海里她就开始考虑各种细节,例如手机放哪里、用什么样的耳机、穿什么样的运动服最美。再后来,思维继续发散出去:"呀,跑步的时候汗淋淋的样子可不美观,怎么办?还是要跑步的,我要不要抹个口红呢?应该要涂一层打底霜吧,那就必须要买防水的。"总之,还没跑起步来,思维已经从跑步发散到跑步时如何安放自己的手机,再到购买防水的彩妆了。到那时候,她已经忘记了，原本是为了健康才想要跑步的，思维已经完全迷失在"脑回路"里，找不到北了。**这会严重影响我们高效正确地做事**。在刚提到的短视频培训项目里，当大家的思维都已经发散出去，忙于装备、忙于拍摄时，其实已经忘记了，她们来参与这个项目是来学习的，因为学习才能帮助她们增长1000个粉丝，开启"带货"的变现之路。

要自然地增长到1000个粉丝，最重要的，当然是了解如何做好的内容，吸引粉丝。要了解如何做好的内容，正确的途径一定是认真听课，把课程内容掌握了，再练习拍摄。现实是，妈妈们拿到任务就急不可待地开始拍，甚至连拍摄要求有几条都没读清楚，然后看作品没被分配流量，就怀疑自己被平台限流了，却没有认真去想想，会不会是内容根本就不够好。

一言蔽之，当爱发散的"脑回路"太发达时，你就会很容易抓不住重点，转而关注许多细枝末节。所以，你要去训练自己，管理好你的"脑回路"。

**管理"脑回路"，你需要知道大脑的工作原理**。我们大脑里的神经元相互连接，形成了神经环路，神经环路让不同脑区之间有了交流，这一切是思维的基础。我们的思维形成惯性，那就意味着相应的神经环路比较强。我们的大脑终身都有神经可塑性，即神经连接生成和改变的能力。当你长期使用某种大脑功能，相应的神经连接就会生成和巩固。当你长期不用这种功能，相应的神经连接就有可能退化。⊖举个例子，有人很爱做比较，经常在家提

---

⊖ 想了解更多关于神经可塑性的科学解释和故事，请参见华章心理出版的图书《重塑大脑，重塑人生》。

到别人家的先生、别人家的孩子，这其实就是一种思维惯性，这体现在看自己和自己人时，他们习惯性地看缺点、看不好的地方，而在看别人时，就习惯性地去发掘别人的闪光点。知道神经可塑性的原理之后，我们就很清楚，思维惯性是可以通过有意识的训练去改变的。你可以改变自己原有的思维模式，打破思维模式带给你的认知天花板，成为更好的自己。

以上面提到的"爱做比较"为例，如果你有意识地训练自己，去注意自己先生、自己孩子做得好的一面，有意识地去看他们的闪光点，在一段时间以后，你不用刻意提醒自己，下意识地就会看到先生和孩子的闪光点。也就是说，你可以有意识地干预大脑里的神经环路，使其不再"走原来的老路"，而是"走你设定好的路"。

## ⊙ 小测试

### 看看你的"脑回路"有多发达

你可以自测一下"脑回路"有多发达。请回答以下8个问题，并看看自己的分数。

（1）现在拿起最近正在读的书，然后给自己计时，看看能不能专注地读20分钟不走神，不翻看手机。
（2）回想最近一次和先生的争执，你最开始生气的原因和你最后和他吵的内容一致吗？
（3）当你为了买某件东西去逛淘宝时，你不会无意识地买了其他东西，这符合你的实际情况吗？

（4）在和别人沟通的时候，你能不能立即抓住对方想要表达的重点？

（5）看一份指南，上面写了5点要求，你会不会认真仔细地把5个要求都读一遍，并且确保自己按照5个要求做了？

（6）你有没有经常计划好做一件事，中途想到其他事情，就先去处理其他事情，把本来要做的事情忘记了？

（7）你是"装备党"吗？

（8）和别人聊天的时候，你的话题会不会经常聊着聊着就聊远了？

前面5个问题，每题回答为肯定就得1分；后面3个问题，每题回答为否定得1分。把你的得分加起来。以下是对得分的说明。

如果你的得分在4分以内，那么你的"脑回路"非常发达，可能会让你经常陷入情绪，让你抓不住重点。你应当系统地训练自己的思维模式，不能任由"脑回路"控制你。

如果你的得分为4～6分，那么你的"脑回路"比较发达，但你对它有一定的觉察能力，偶尔能做到控制它。

如果你的得分为7或8分，那么恭喜你，你就是传说中的"雌雄同体"，兼具男性大脑和女性大脑的优点，你的处事能力、你的情绪管理能力都有很高的水平，你要再接再厉！

以上测试题其实也会让你看到你的"脑回路"在什么时候比较活跃，能左右你的思维。下一步，你可以在要去面对上述测试题列举的场景时，有意识地提醒自己，关注你的"脑回路"是否过于活跃，然后叫停它的工作。如何叫停呢？最有效，也是最简单的办法，就是问自己，"我原本的目标是什么？我现在是在朝着这个目标前进吗"或者"我要做的事情是什么？我现在是否偏离这件事情"。这两个问题会很有效地帮助你的思路从"脑回路"里跳出来。每过两周，你可以回来再测试一遍，看看自己的得分有没有提高。祝你早日成为"脑回路"的主人，不被"脑回路"牵着走！

## 放下对错，它才不是你的真爱

我看过一句特别有道理的话，那就是"不要赢了道理，输了结果"。换句话说，当面对事情时，我们应该想目标、看问题、找解决方案，而不是一味地纠缠对错。你是不是也觉得这句话很有道理？让我们一起来看个生活中经常会有的场景，然后看看追求结果、不论对错该怎么做。请想象以下场景。

你在家做晚饭，忙进忙出，突然听到自己1岁的孩子哭了，跑过去一看，孩子头上撞了个包。你再一看，老公捏着手机在旁边安慰孩子，你的火气一下子就上来了。"你一天到晚就知道看手机，我忙里忙外，叫你看着孩子，这么点事儿你都做不好吗？"

以上反应是我们的思维惯性，即遇到事情，首先分对错、找责任人，以至于忘记了，此刻你该解决的问题是孩子撞了个包，需要处理，而不是责备先生。其实，孩子磕碰了谁都很心疼，你的责备只会引来争吵，让孩子紧张，觉得受伤是闯祸。根据上面讲的道理，现在我们知道了，遇事要想目标、看问题、找解决方案。我们可以怎么做呢？首先，询问孩子是怎么受伤的，并检查伤势是否严重。其次，处理伤口并且安慰孩子。最后，对先生说："孩子现在还小，有时候难免没有危险的意识，你看他撞包了，你也心疼吧？所以你离他近一些，如果现在不忙就先不看手机吧，陪孩子玩玩也好。"

### 想问你一句，以上能做到吗

你可以诚恳大方地说："我做不到啊！凭什么他看手机害孩子受伤，我还不能骂他一顿？凭什么我就该忙里忙外，他眼里就没有活儿？凭什么？我必须给他'骂醒'！"没关系，这辈子你我听过许多道理，做不到的也不止这一个。所以，你能诚实地觉得自己做不到，再正常不过了。不过，在认真读完以下部分后，你应该就能做到了。

**首先，我们来看看结果，你能把先生"骂醒"吗？**如果你的目标是让他学会做家务、在家里能帮忙，那么你觉得是骂能达到这个目的，还是直接吩咐，并给出行动指令可能更容易达到目的？

**其次，看看我们为什么会这样想，这是因为我们的大脑在大多数情况下是"独眼龙"，所以我们常常只能看见自己的感受和情绪。**从"我"出发，会觉得"我"很忙、"我"很辛苦以及"我"有主张的陪孩子的方式，先生就该按我说的做。这个设想没达到，那根"点燃"我们的"导火线"就开始被"拧成一股绳",同时那个需要对方认可我们的"炸药桶"也准备就绪,这时候,只需要一丁点儿"火星",我们就会"原地爆炸"。

### 给大脑这只"独眼龙"安上眼睛

我们要给大脑这个"独眼龙"安上另外一只眼睛,这样我们就不止看见"我",还能看见先生,看见周遭更多人。怎么安上另外一只眼睛呢?那就是把自己放在先生的处境里。试想一下,你带孩子,结果孩子摔跤了,先生一心疼,大喊:"看你带个孩子都带不好!"你会怎么样?伤心、委屈、内疚、愤怒……然后爆发:"孩子摔了我不心疼吗?你就知道责备我,怎么就不能安慰我呢?我已经很心疼、很自责了,你还责备我,真令人寒心!"

所以,当你想想先生或者婆婆指责你没带好孩子时你的内心活动,你就可以知道先生挨骂时的心境了。既然你在犯错时期待的是安慰和理解,同样地,在先生犯错时他需要的也是安慰和理解,是你对他这个错误的包容。

### 是时候脱下法官袍了

很可惜的是,大部分时候不论是对孩子还是对先生,或是对父母、公婆,甚至对身边的人,我们会习惯性地去演一个角色,而且演得特别投入,那就是法官。我们总要找出对错,并且我们的答案才是对的,其他人的都是错的。

当再遇到事情时,你要提醒自己,把法官袍脱下,然后告诉自己，你不是来分对错的，对你来说，重要的是达成目标或解决问题。当你能意识到自己发火前法官袍已经穿在身上了的时候，恭喜你，你已经成功地给你的大脑"安上了另一只眼睛"，它不再是只看得见自己感受的"独眼龙"了。随后我们要做的就是脱下法官袍，问问自己："我的目标究竟是什么？如何才能实现我的目标呢？"

容我再举个例子。先生回家以后，坐在沙发上玩手机，你和他说话，他就像没听到似的。这时候你内心已经开始有点儿波澜了，过了一会儿，先生可能突然想到什么或者看到什么，于是和你说话。看到机会来了，你可能会借机先用话"酸"他，如果此时老公还没有察觉到你内心的小小波澜，基本上接下来他的一言一行都容易变成"火星"，把你"引炸"！

其实在这个例子里，当我们看到先生在看手机时，在判他接受怒吼这种"刑罚"之前，我们应问自己"我的目标是什么"。如果我们的内心没有立即生起对立情绪，比如"他不尊重我，他都不想和我说话，哼！我也不要理他了"，那么我们就能发现这个目标。也许这个目标是先生回家不要玩手机，或者进一步说，是夫妻之间能有时间亲密交流。那么，怎么样才能实现这一点呢？如果只是希望先生不看手机，发火也可能让你达到这个目的，只是可能以后他会养成一个行为惯性，就是要等你发了火他才会放下手机。但如果说目的是亲密交流，那发火可能就会适得其反。

如果想要改进亲密关系，你可以怎么做呢？首先，在那个情境下，你可以坐到先生旁边，或撒娇，或温情，总之让他不要紧张，误认为你是来责难的，而是让他能立即领会你的需求，比如想两人聊聊天，或者想让他帮忙做点什么。通常来说，只要先生捧着手机不是在工作或是在游戏里激战，他基本上会赶紧放下手机。其次，从长远来说，你可以和先生商量，在家里你们俩的手机不可以出现在哪几个地方，比如不可以出现在饭桌上，不可以出现在卧室里；或者，可以商量一下手机不可以出现的某些时间段，比如不可以出现在全家人吃饭时，不可以出现在你们睡前聊天时。你们还可以定下一个惩罚游戏，那就是出现了要怎么办，比如让儿子在他身上画画，或者背女儿骑大马三圈等。但是记住，规则不是给先生一个人定的，你也要遵守，你违反了规则也要心甘情愿地接受惩罚。相信我，当你不再和先生讨论对错输赢，而是把注意力放在如何齐心协力做点儿什么，那么你们的小家会变得更温馨。当你以这种态度去做事情时，你也一定能把一件事情做好，而不再陷入恼人的情绪，拔都拔不出来。

### 送你一个能取得结果的秘诀

当我们不论对错，开始追求结果时，就需要探索一下，如何才能真正得到远方那个结果。这里送你一个终极秘诀，那就是不论对错，但问苦乐。作为人，我们的本性是趋乐避苦，所以要在人际关系中或者需要人共同完成的事情里取得结果，最好的方式就是让对方快乐，或者理解、帮助他消除痛苦。

我拿我的先生举个例子。（身为"猪队友"，他真的给我们贡献了大把案例，难怪我们经常夸猪，说浑身都是宝！）我的先生很喜欢打游戏。从为他好的角度，我们当然希望他戒掉，或者少花一些时间打游戏。然而，我们该怎么劝才能让他戒掉呢？一种做法是，告诉他"你这么做是不对的"，也就是我们前面说的分对错，但通常都收效甚微，甚至有可能你换了100种方式去告诉他这是不对的，还是没什么用。换作现在，不论对错，但问苦乐，你首先要理解他这么爱打游戏，得到了什么样的乐。你可能会发现他爱打游戏是希望在虚拟的世界里寻得一份安慰，也就是说他打游戏可能是因为觉得现实生活苦，虚拟世界乐。接着，你可以尝试去了解一下，是不是先生工作压力太大，或是你太优秀让他觉得有压力，或是他觉得现实里的一切都太平淡无聊。当你理解了他在现实世界的苦以及虚拟世界的乐，你就能知道如何帮助他戒掉游戏。我记得当年我的先生连陪我在产房待产，也随身带了游戏机……不过，由于我也是手机游戏爱好者，所以，也就没太在乎他爱打游戏这件事。有一天，我突然想起来，他好像很久不打游戏了，我在想先生为什么会不打了呢？后来我想到了，因为我鼓励他去读MBA，这下他立马爱上了学习和看书。现实世界很有趣，他再也不用去虚拟世界找刺激或者找安慰了。

所以，如果你也有一个爱打游戏的先生，那从苦乐的角度，你首先要理解他在现实世界寻求不到安慰或者挑战的苦，然后再想办法让他在现实世界获得他所需要的快乐。这个问题就解决了。

现在，道理我讲了，方法我也给了，那么你怎么检验自己有没有做到呢？很简单，那就是**下一次当你脱口而出"我说得对吧"，或者你的大脑在思考"我没做错"时，你会突然对这只"独眼龙"喊停！**然后你会问自己一句："我想得到什么结果？讨论对错能否帮助我得到这个结果？"给大脑这只"独眼龙"安上"理解"的眼睛，再脱下"对错由我裁定"的法官袍，那恭喜你，你又爬出了一个很大的"坑"！

## 能量不能"负负得正"

有句特别有意思的话:每对夫妻可能一生会有200次离婚的念头,但其中100次都在生完孩子头一年。当"小三小四"以我们始料不及的方式进入这个家时,我们可能都会有些手足无措。我这里说的"小三小四",不是指外遇,而是咱们的大宝二宝。

我至今记得我生完二宝,和先生闹矛盾。我当时暗自下定决心,待我养得活两个孩子,立即离!结果呢,我和先生转眼携手10年,当年那个坎一旦迈过去,回头再看,很庆幸我们没有因此就散了。回想这个过程,其中有两件事对于我们能重归于好很重要。第一件事,是我心态的转变。这发生在我打定主意要离婚后,那时我开始计划,给自己一年时间找工作,有能力挣足够的钱,然后提离婚。有了这个计划,我反而轻松了,觉得反正也就再忍一年,与其天天吵架,不如和平过渡,不管怎么说,这个人至少是两个孩子的父亲,我就当已经离了来相处就好。有了这个心态,后面虽然也有一些换作往常我会"原地爆炸"的事,但我会觉得没有必要发作,因为都要离了还吵什么,所以我们吵架的频率越来越低。第二件事,则是先生提议我们两人一起出去旅游一次。我是个很爱旅游的人,所以哪怕都想好要离婚了,说到旅游,我还是去了,那次去的地方是大理。路途上并没有什么惊心动魄的事,但没有孩子、老人干扰,没有琐事烦恼,我们的感情慢慢就回暖了。

说我自己这段经历,第一是想告诉大家婚姻中总会遇到各色各样的坎,有时把坎迈过去了再回头看,你会庆幸没有轻易就放了手。第二则是因为在这之后,我听了斯坦福脑神经科学教授的课，然后惊喜地发现，当初促成我们和好的这两件事，其实背后是有科学原理支撑的。

### 让正能量激素弥漫整个家庭

这个原理是什么呢？那就是丹尼尔·G. 亚蒙（Daniel G. Amen）在《超强大脑》(*Magnificent Mind at Any Age*)里展示的研究成果。我们的大脑其实很笨，它接受指令的方式是直接判定这是威胁还是奖励，当它判定一件事为威胁时，那么会刺激人体分泌皮质醇，一种令人紧张、不安、焦虑的激素；当它判定一件事是奖励时，则会刺激人体分泌催产素，一种令人兴奋、开心、积极乐观的激素。⊖

所以，希望家庭温馨和睦，你能做的就是尽量创造一些促进家人分泌催产素等正能量激素的机会。希望自己幸福快乐，你能做的就是尽量给自己一些分泌催产素等正能量激素的机会。如果你的大脑已经习惯性地判定某些场景为威胁，一遇到这些场景就忍不住想发脾气，那你要做的就是学会扭转大脑里的威胁指令，让它不再判定某件事是威胁，甚至把这件事判定为奖励。换句话说，也就是学会给自己正确的心理暗示。

正如刚刚我讲的，当我下定决心离婚，而且是好聚好散地离时，再遇到那些以前会令人"原地爆炸"的事情，我的大脑就不再发出"这是威胁"的指令，没有这个指令，我好像也就不觉得生气了。在这里，请允许我介绍三个简单的办法让能量转负为正。

**第一个办法**，也是最好操作的，每天给自己三分钟做心理暗

---

⊖ 对，你没看错，就是咱们生孩子时很多人打的催产素，而且男性也会分泌这种激素。

示。每天早上起床，给自己一到三分钟时间，对自己说"嫁给我的先生我真幸运"，回想一件最近他令你开心的事，或是其他你每次想起来就觉得开心的往事。然后，对自己说一句"让我今天回馈给他同样的爱，让爱意在我们家中流动"。如果早上一次不够，你可以尝试早中晚各一次，相信我，你的先生能感受到你的爱意，慢慢地，家的场域会充满爱，你和先生的关系自然也会扭转。

**第二个办法，列出让你和先生情绪一点就燃的事情**。注意，一点就燃的表现分两种，一种是生气发火，另一种则是严肃的沉默。把这些事情分两列详细写出来，一列是先生的情绪按钮，比如你一抱怨婆婆，先生就会发火，那就把"抱怨婆婆"写上。另一列是你的情绪按钮，比如你一看到先生躺在沙发上玩手机就会发火，那就写"先生躺在沙发上玩手机"（见表2-1）。

详细列出情绪按钮后，大部分女性会发现：呀，先生可以把你惹生气的点挺多的，而其实把他惹发火的点并不多。这时候你可以想一想，会不会是你对先生的要求太多了。当你将这些点列出来，你就知道哪些是被大脑自动归为威胁的事情。接下来，请和先生交流，避开彼此的雷区，也就是让先生知道那些可能会把你惹生气的事情（记住，不要超过三样，否则先生记不住）；同时也说出你会把他惹生气的三件事，然后约定一周内互相不踩雷区，避免做这几件事，降低大脑自动把它们归为威胁的可能性。你们可以设置一些轻松有趣的奖励和惩罚，比如给对方来一次肩颈按摩，再比如请对方吃顿火锅，当然也可以设置奖金或者奖品，总之，想办法鼓励彼此坚持实行这一办法。

表 2-1 先生和我的情绪按钮

| 先生的情绪按钮 | 我的情绪按钮 |
|---|---|
| | |
| | |
| | |
| | |
| | |
| | |
| | |
| | |
| | |
| | |
| | |
| | |
| | |
| | |
| | |
| | |
| | |
| | |
| | |
| | |

我和先生以前一直会将第二年的旅游计划谁说了算作为奖励。很可惜，自从我把三年的旅游计划都输出去之后，我只好中止了这个奖励……

这个探明彼此雷区、约定互不踩雷的办法，你和先生只要坚持实行两周，就能感受到彼此的变化；坚持实行一个月，你们关系会升温许多。

**第三个办法，能让大部分人解除威胁指令，转为分泌催产素，那就是拥抱**。根据大脑研究结果，如果一个人，每天拥抱 8 次，每次超过 20 秒，那么自然分泌的催产素会让你幸福愉悦一整天。[⊖] 所以，平时我们不单要多抱孩子，也别忘了多给先生拥抱。这种拥抱，能让你和他都分泌更多催产素，让家这个场域充满爱。

### 家庭矛盾已经升级怎么办

以上办法是针对亲密关系只是有一些小问题、小争执，还不太伤筋动骨的情况，但现实中，你可能遇到和先生的争吵已经升级，甚至到了你或者先生一进家门就觉得压抑的情况。到这个地步，其实家里已经充满了负能量，你该怎么办？是时候给你另外两个锦囊啦。

**第一，换个场域，离开那些会引起你大脑发出威胁指令的人和物。不要试图在一个充满负能量的环境里缓解关系**，在这种场域里，一切都可能变得更糟，很难变得更好。所以，你一定要找一个正能量的环境，比如环境氛围极好的餐厅或者旅游胜地，而

---

⊖ 资料来源于 https://dailyhealthpost.com/9-reasons-you-need-to-be-giving-and-receiving-hugs-everyday/。

且尽量就你们俩去。要让感情升温，换个能让你们两人放松下来的地方，让环境自然而然地刺激大脑发出奖励指令，最终让爱意重新在你们两人之间流动。

**第二，改变家里的能量，通过外物增加家庭的正能量，刺激大脑发出奖励指令，分泌催产素。**外物可以是香薰或者你们俩都喜欢的音乐、摆件等。我的一个学员曾说，她的先生经常会买个蛋糕回来，孩子们看到蛋糕就欣喜若狂。我想，孩子们开心幸福的表情，最终也会刺激你们分泌催产素，让你们一同感到开心幸福。

我这里主要在讲家庭里的正能量，当然，能量不仅影响你的夫妻关系，同样也影响你的亲子关系，乃至你的社交、事业，所以我会在第 4 章，教你如何练习在家庭乃至你所处的社区里传递正能量，让这个世界因你而变得更美好。

### 不要任由你的大脑喊"狼来了"

如果你的大脑经常向你"报警"，不停告诉你"这是个威胁，那是个威胁"，那你就会始终处于一种负能量的状态，身心俱疲。现实生活中，可能并没有那么多威胁，只是大脑习惯性地会喊"狼来了"。对你来说，最要紧的就是，不要大脑一喊"狼来了"，你就进入焦虑或者战备状态。你应该仔细去检查一下，究竟有没有狼，就算真有，你能不能打败这只"狼"？

如何检查有没有"狼"呢？那就是当你明显感到烦躁、焦虑的时候，问自己一下："我是为什么事情而感到烦躁焦虑？"紧接着问自己："这件事真这么要紧吗？它会带给我什么样的麻烦呢？我能不能承担得起所谓的后果呢？"其实大部分时候，当你这么问自己的时候,你可能就会发现,是你的大脑发的"警报"过分了,这件事并没有那么要紧。比如在给孩子辅导作业时,一开始你可能还轻言细语,但随着时间推移,尤其是当你一看,时间都8点半了,孩子才做完一门功课,还有两门没做时,你一下就急了。就在这时,你要是能意识到自己焦躁了,就可以问自己:"我这么焦躁是为什么?"可能是因为孩子完不成作业了,那你就可以再问问自己:"作业非得全部做完吗?实在做不完会有多大麻烦呢?"你会发现,作业完不成,可能不算一只"狼",毕竟后果可能只是孩子明天去学校会挨骂。这时候,你可能就会释然,毕竟因做不完而第二天去学校挨顿骂可能也是好事,让孩子更有紧迫感,知道作业是自己的事。当然,也有可能真有"狼",那就是老师可能会找你谈话。那这只"狼"究竟有多大的杀伤力呢?如果你非常看重老师的每一次评价,那杀伤力就很大;但如果你认为谈话就是一次和老师关于孩子情况的沟通,杀伤力就几乎没有了。你看,其实"狼"的大小,依然是由你的大脑决定的。

所以,我希望你能拥有更多正能量,因为这种状态下,你的大脑会更倾向于把每件事视为奖励,而不是威胁。当你的大脑这么判定的时候,你的正能量(也就是前面说的催产素)又会进一步增多,你整个人就会变得越来越好。

## 不要让你的防御系统一直处于战备状态

有次,我和先生吵架,吵完他甩门去上班。我妈妈正好目睹了我们吵架的全过程，我心想，这下我妈妈肯定要安慰我了。结果，我妈妈并没有安慰我，她对我说："什么鸡毛蒜皮的事儿值得你们吵架，我看你就是在家闲的！"那一刻我很愕然！原来我认为那么重要、必须要大吵一架的事情，在我妈妈看来，却是一件鸡毛蒜皮的小事儿！

**为什么我会把一件别人眼中的小事看得这么重要？显然，这有可能是因为我的思维模式出了问题。**因为这一次的反思，我开始探索自己的思维模式出了什么问题，不再把问题都怪罪在别人身上，并且找到了一个能帮助大家人生进阶的万能公式，这在本书最后一章会仔细讲。

当然，有趣的是，我有位可爱的学员在看到我这番话后，递了一道"送命题"给我：**"如果当时说这句话的人是你婆婆，你还会反省吗？"**坦率地说，那个时候的我肯定不会反省，因为那时候的我倾向于认为别人在针对我，问题都出在别人身上，我不愿意承认自己有问题。因为缺乏自我肯定，所以我很怕听到外界否定的声音。现在的我，哪怕是婆婆说，我一样会反省。因为我已经学会了关闭大脑的防御系统，不让它随意发射拦截导弹，拦截外界给我的信息，这也帮助我听到更多外界的声音。真的，**这个思维模式让我看到的世界都不一样了。**

### 如何关闭大脑的防御系统

举个例子，你和妈妈为了一点事儿吵了起来，非常郁闷，然后回家告诉先生，这时候先生说："你看你连自己的妈都忍不了，就这脾气，跟谁能好好相处？"你不单会"原地爆炸"，你还会委屈地想：他都没认真听当时的情形，怎么就得出结论了？他以为他有多了解我，哼！

总之，脱口而出和内心闪过的各种台词，其实都说明你在做一件事，就是推脱责任，你总是对自己说："宝宝，你别气了，是他不了解情况，是他不理解你，你没错啊，乖。"每个人，总会有那么些时候，会觉得都是对方不了解情况，所以会着急解释。如果当时还有旁观者，他们会觉得你那些解释都是在为自己开脱，你无非就想证明一件事，那就是"我是对的，我没错"。但冷静下来，譬如在刚刚那个例子里，你问问自己，撇开先生说话方式不谈，他说的问题你真的没有吗？你对父母缺乏耐心和容忍，这会不会确实是自己脾气太大了呢？也许你会同意，"是的，我确实脾气不好，有时候忍不住"。第一步，你要承认自己也会犯错，也有缺点，例如脾气不太好；第二步，你要尝试去改正自己这个缺点，去修正自己的行为。这里你需要注意的是，请不要去指责自己多么糟糕，因为一旦开始指责自己，你可能就会觉得很难受；当你陷入那样的难受情绪时，你就会把怒气转移到别人身上。

所以，不论对错，不光是指不论其他人的对错，同样也不要去纠缠自己的对错。把注意力放在行动上，而不是谁对谁错上，你的防御系统就被你彻底关停了。如果你不能意识到自己需要修炼，反而认为"都是别人把我惹生气了我才这样"，甚至会想"换作是你，难道你不生气啊"，那么你就打开了防御系统，刻意地回避了自己可以成长的地方，结局就是陷在一个又一个人性的沼泽里出不去。

总之，下次当你脑海里闪过"他知道什么呀"或者"他根本不了解情况"时，请立即在脑海里叫停，然后问自己："他说的意见、建议真的不对吗？是什么让我没有看到这个问题呢？这个问题我真的没有吗？"通常，当你开始这样想的时候，防御系统就被你手动关上了，你对整件事的理解和判断就会不一样，做的决定也会更正确。

### 关闭了防御系统，下一步要做的就是草船借箭

学会了关闭防御系统，你就能更客观地认识和对待自己、他人，乃至世间万物。在这个基础之上，你可以再进一步，那就是**不单要客观地反思，还能把别人的意见纳为己用**。其实每个人都挺愿意为别人提建议的，就看你愿不愿意听以及听的态度是否端正。

我有位学员妈妈想做自媒体，所以写了一篇文章，请闺密提建议，闺密说话过于直接，张口就说"你这么写没人会看的"。然后，这位妈妈的防御系统就开始了防守反击。她开始耐心解释、举例证明这篇文章一定是别人爱看的。现在，试想你就是这位妈妈的闺密，她对你说了一大堆她自己的文章写得如何费思量，如何考虑了市场的喜好，那你会怎么说？你很可能会，"嗯，是挺好的，你就按你说的发吧"，但你内心可能想，"看来你也不需要意见了，我没什么好说的了"。

这位妈妈当下的目标是要写出好文章，然后也做出了询问意见的举动，可惜就可惜在忘记关闭自己的防御系统，发现对方扔了一些东西过来，觉得这像炸弹，赶紧拦截了再说！其实，更好

的做法应该是草船借箭，那就是多问多听，但是不要反击，也就是尽量不去解释，因为你现在需要的是别人的建议、意见，而不是对方对你的理解。

如果我是那位妈妈，当别人说"这么写没人会看的"时，我可能不会急着证明会有人爱看，更不提我写得有多费心、多辛苦，而是真诚地问对方："那你觉得哪些部分大家不爱看呢？你能给我一些建议吗？"然后，不管建议好坏，我都会从以下两个角度问自己：第一，这确实是我忽略了的问题吗？我可以如何改进呢？第二，她是怎么想到的？为什么我没有想到呢？下次我可以怎么做？

### 是什么阻碍了你草船借箭

从理性上来看，草船借箭绝对是最佳选择，但为什么我们经常做不到，甚至听到别人有不同意见就会不舒服，就忍不住要发射导弹拦截呢？这是因为我们潜意识里，把生活中自己的每个动作都当成了在考试，别人的评价更是被我们直接当作了成绩单，仿佛每一件事都会有个分数。当有了这种潜意识，你自然不希望考得差。潜意识里你会希望自己做什么都得对，不能错。所以，你不允许别人不同意自己的观点，不允许别人看出自己的不足。乃至为了不犯错，你宁肯尽量不尝试新的东西，不冒任何一丁点儿险。

要让自己关闭防御系统，甚至开启草船借箭模式，你要做的就是扭转这种潜意识。当然，潜意识不是一天就形成的，你也不可能立马就能扭转这种思维习惯。所以，你要一步步来。**第一步，就是每次你觉得对方在评判你、否定你的时候，对自己说一**

句:"没关系,这不是考试;就算是考试,考不好又怎样呢?"当迈出了这一步时,你就能意识到自己把别人的反馈当考试成绩;如果成功卸下这个想法,你就可以进一步改变自己的潜意识。第二步,在每一次沮丧的时候,请对自己说:"**直面问题,目的不是要用这些问题来否定自己,摧毁自信和自尊,而是为了成长,为了成为更好的自己。**"这能帮助你把注意力放在解决问题上,而不是放在情绪上。当然,这么说可能还不足以扭转你的潜意识,你可以再对自己说一句:"太棒啦,我又发现了一个不足的地方,改掉了它我就可以变得更好,真好。"一开始这会让你觉得很矫情,但我们很难通过想通一个道理去改变大脑,醒悟这件事情是非常困难的。对于普通人来说,想要改变一种思维模式,最好的方式就是靠你的语言和行为去推动大脑做出调整。这些自我对话很有力量,会推动你的大脑一步步关闭防御系统,开启草船借箭模式。一旦你拥有了草船借箭的心,你的人生就可以变得越来越正向。

  桃子忍不住唠叨几句:今天我们那么看重孩子每一次考试,把小学期中考试、期末考试整得像高考一样紧张,这正是在把孩子的思维模式推向"一切皆考试""我不可以失败"。对待孩子考试,更好的做法是告诉孩子:除了高考,其他考试不过是为了检验我们是否学懂了、哪些还不会,是为了帮助我们学会,而不是在评测我们的智力。那些**所谓很重要的考试和考验,不过是我们人生的体验,去经历,在各种经历中成长,是面对这些人生节点最棒的态度,也是能让人感受到更多幸福的态度**。不过,这个态度,如果你没有,孩子也很难具备。

## 不要相信"性格不合就该离婚"的说法

2019年的爆炸性新闻，宋慧乔和宋仲基离婚应该能算一个。他们的离婚声明提到，因两人性格不合，宣布离婚。我特别唏嘘，多么棒的理由啊，一个"性格不合"，概括了所有的矛盾。我们不了解宋慧乔和宋仲基之间究竟发生了什么，他们的事情我们就不深究了。在生活中，真有许多人觉得，如果夫妻双方性格不合，就该离婚。其实，仔细想一想，怎么才算"合"呢？双胞胎都有冲突的时候，这个世界根本就没有"性格合"这一说。如果真有，我们大约又会嫌弃这世界太无趣了。

**大多数人要的"性格合"，是要对方按照自己的剧本来演"伴侣"这个角色**。在现实生活中，有一个情况很普遍，那就是，你嫁的人根本不是眼前这个先生。同样，你也可以问自己，你先生在婚姻里娶的人是你本人吗？此刻你也许在想，桃子这是在危言耸听。这怎么可能呢？你朝夕相处的人是谁，难道我比你更清楚？我不知道你有没有想过，我们女人可能从很小的时候就对未来的婚姻生活有着憧憬和好奇，对自己未来的另一半也已经设定好了模式，大部分模式包括以下内容：

（1）他应该无条件宠我、疼我。

（2）他应该担起家庭的经济担子。

（3）他必须很理解我，知道我在想什么，知道我的需求。

怀着这样的憧憬，当发现先生晚上要应酬、要打游戏而不能陪自己时，你不开心；当先生挣钱不多时，你不开心；当你面露不适，先生却没有察觉时，你不开心。所以，认真想来，你究竟嫁的是你先生，还是你想象中伴侣应该有的模样？当你的先生没有完美地去诠释你设定的这个伴侣角色，你可能就会启动不开心模式。

我必须说：对不起，你可能根本不爱你先生，你只是需要你的人生剧本中有这么一个角色。

### 你有多爱你先生，对比一下就知道了

有一天，我和几位大学同学在一起聊天，大家谈到自己的家庭，男同学们纷纷表示自己在家里地位很低。自己的孩子如果惹妻子生气了，孩子有时候连"对不起"都不用说，妻子就原谅孩子了；自己就不一样，要是敢把妻子惹恼了，先生说"对不起"有用吗？先生必须低三下四地说很多次"对不起"，然后不停地哄妻子、挨妻子"小拳拳"才能让此事翻篇，这还不包括妻子过后可能想起来翻旧账。

爱不能等同于你的需要，更不是对先生的"人设"的执念，要求他必须做到什么样。真正的爱应该是无条件地欣赏他的优点，包容他的缺点，并且接纳他的家人，就像你对孩子做的一切。所以，我特别希望你在审视自己婚姻的时候，可以列出先生的十个优点。每次我让学员写出自己先生的优点，开头总会有人说，"我写不出来"。可是，写着写着，她会发现其实先生的优点数都数不完。有一次，一位学员越写越多，越写越多，最后她惊叹道："呀，我先生原来有这么多优点，不写我都没发现。"写出先生的优点，是为了让你撇开对先生的执念，转而真正地去欣赏和爱他这个人，而不是你对先生这个身份的幻想和执念。

当你用充满爱的眼神凝视先生，用充满爱的语气和他说话时，他会感受到你的爱，他也一定会更加爱你。你们的婚姻很快就会和之前不一样。反之，你可以让先生也写出你的优点，然后你们互相交换，那会更加温情。不要盯着那些"不合"，这个世界就没有性格完全吻合的两个人。你要做的，是真正地去爱上这个愿意和你过一辈子的男人，而不要沉浸在你对伴侣的"人设"里无法自拔，那么你会突然发现，自己其实一直很幸福。

### 没有遇到对的人？别急着离婚

经常有人找我，开头说的话都如电视剧一样，"他不是那个对的人，我想离婚"。一般来说，如果没有家庭暴力和出轨这种原则性问题，我都劝和不劝离。我还发现一个非常有趣的现象。找我咨询的人里男性也不少，但他们来找我，十个有九个都是问："老婆想离婚，但我不想离，怎么办？"而女性来找我，十个有九个第一句话都是"我想离婚"。2019年离婚数据[一]公布的时候，有一个数据特别触目惊心——70%左右的离婚是由女性提出来的。

为什么女性这么想离婚？在接触的咨询案例中，我发现，不少女性认为婚姻的苦，是因为没有遇到对的人。如果这个不对，那好的解决办法自然是离了重来。许多女人抱有一个幻想，那就是离了，才能遇到那个对的人。但现实是，离婚重来，很可能是换了一个人、过同样的日子、吵同样的架，甚至让你怀疑人生："我是不是命不好，就遇不到一个好男人？"亲爱的，不是你命不

---

[一] 资料来源于 https://china.huanqiu.com/article/9CaKrnK74Sn。

好,遇不到一个好男人,而是好男人是教出来的,不是天上掉下来的。

### 好男人是教出来的

在我还是单身的时候,有时会在生意场合遇到一些非常优秀的男人,一看就会觉得他们是结婚的理想人选,彬彬有礼、风度翩翩,然后瞥一眼他们的无名指,上面毫无悬念地套着戒指。我记得,记者采访米歇尔·奥巴马,说:"你命真好,嫁了个总统,成了第一夫人。"米歇尔对记者说:"你弄错了。是奥巴马的命真好,娶了我,所以当上了总统。"所以,一个举止得体、温文尔雅的男人背后,通常有一个滋养着他的女人,而且这个女人,多半情况下是他的妻子。所谓对的人,不会从天上掉下来,需要你开动脑筋,自己教出来。

### 教出好先生第一步——停止释放毒气

回想一下,你是否对先生说过以下类似的话,"我为家里付出了许多""我为你生了孩子""我为孩子哺乳,每天睡不好觉""我天天操劳,你却像没事人一样"。总之,以上抱怨都在表达一个意思:"我为这个家付出这么多,你为什么总是视而不见?"

这些话,可以说是你往家庭释放的毒气!你在说这些话的时候,其实是希望先生感受到你对家庭的爱和付出,希望他有所回应和表示。可惜的是,这些付出、这些牺牲在对方那里听起来完全不是爱,而是一份沉甸甸的责任,甚至是压力,或者是一种审判，指责他对家庭付出不够，对妻子不够好，对孩子不够爱。你先生可能会觉得，不知从什么时候起，恋爱里那个小鸟依人的女孩儿不在了，现在每天回到家，家里住着的是个教导主任。

有一个道理，越早明白越好：如果目的是要先生心疼你、分担家务，那不满和抱怨不太有用，相反，还可能会使夫妻关系恶化。要想高效地达到目的，更好的方式是示弱。恋爱时的女生一般都会示弱，可是现在的你，多了妈妈这个角色之后，你还会示弱吗？遇到先生不肯做家务，你是勃然大怒、给他一顿训，还是示弱说"人家真的很累，你帮帮我嘛"？请再想一下，在先生做完家务之后，你是以各种方式给予了他肯定，还是各种挑刺，甚至说"你看看你，给你这么点小事儿都做不好"？接下来，**我就要说到教出好先生第二步，那就是正面管教。**

### 教出好先生第二步——正面管教

什么是正面管教呢？这是育儿界的一个术语，是指一种既不惩罚也不娇纵的管教孩子的方法，体现了一种和善而坚定的养育态度。正面管教强调不打骂孩子，而是多鼓励、多欣赏。在我看来，不只是孩子需要得到正面管教，你的先生也特别需要。他需要你的肯定、你的鼓励、你的欣赏，这样才能激发他的能量，不论在工作中，还是在家庭中，他都会做得更多、更好。家从来不是讲道理的地方，家就是港湾，港湾最重要的作用就是给予这个港湾停靠的船只（也就是家庭成员）庇护和温暖。换句话说，**家的场域，最需要的是爱和欣赏，最不需要的是讲道理和论对错。**

人永远都有两面，有缺点，就有优点。如果你能看见他的优点，并且不停地肯定这些优点，他的正能量就能被激发出来，他就会拥有更多优点。这一规律，对于孩子适用，对于先生以及你自己，也同样适用。作为一个家庭的女主人，我们要做的，就是在家的场域里培养珍视彼此闪光点的习惯，"彩虹屁"吹起来，各种方式的赞美、夸奖说起来，让家里每天充满欢声笑语，爱自然会在家里流转。

当然，吹"彩虹屁"，也是有技巧的，不要动不动就说"老公，你好棒，宝宝你真聪明"，这种夸奖听起来多少有点敷衍、夸张。要夸奖那些你鼓励的行为，让他往"对的人"方向去发展。你可以试试以下"彩虹屁"的威力：

老公，你是怎么想到这个好主意的？教教我吧！
老公，你为家庭努力工作的样子真的好帅哦！
老公，我最喜欢看你看书的样子，专注的表情超级酷！
老公，你真的太体贴了，你怎么知道我今晚就想吃这道菜！
老公，你真的太细心了，我心情一不好你就发现了！

### 为你的婚姻"加点料"

如果你成功教出了一个好先生，那么，请看看要不要再为你的婚姻"加点料"。我不止一次听人说：婚姻就是柴米油盐，养娃就是"屎尿屁"，先生就是合伙人；过日子嘛，哪需要那么多矫情？在我看来，婚姻更像是吃饭。吃饭是我们每天都要做的事情，家庭生活也是我们每天都要过的生活。有的人吃饭只是为了填饱肚子，食不甘味；有的人吃饭则是希望能认真品味每一餐的不同滋味。那么，你希望自己是哪一类？如果你是后者，希望品味美食，你会怎么做？如果你喜欢出门吃饭，应该会提前在点评网站不停地搜索比较，打电话订位，吃饭的时候还不忘拍照、"打卡"。如果你喜欢做美食，可能会研究食谱，买一堆工具、食材在家倒腾，乐此不疲。

如果你热爱美食，自然会在吃这件事情上费心费力，那对于建立在爱之上的婚姻，你会做什么呢？你是否每天哪怕抽半小时为你的婚姻生活做点什么，为你的爱人做点什么，最好是两个人共同做点什么？你们有没有共同的爱好？如果没有，你们能不能培养一个，例如读书、品茶？你们每天或者每周有没有独处的时光，哪怕只是孩子睡着之后两个人躺在床上聊聊？每天都是吃饭、睡觉、过日子，你又能记住哪些日子呢？那些你能记住的日子和平常有什么不同？你能增加一些这样的日子，让你的爱人和孩子更多地感受到日子的光彩，而不是日复一日地让生命的轮回磨光你和先生原有的光彩吗？

最后，我想送给大家一句话，这也是一位老者送给新婚夫妇的证婚词，令我印象很深刻。那就是，**每段婚姻几乎都会经历难受、忍受、接受，最后进入享受的阶段。在前面从难受到接受的三个阶段中，大家可能走得快，也可能走得慢。我祝愿每个人都能迅速走过前面三个阶段，早日进入享受的阶段。**

## 小 结

- 你的"脑回路"你做主,用你的语言和行为去帮助自己升级思维模式吧。
- 忘记对错,让家的场域充满爱和美好能量。
- 正面管教你的先生带给你的惊喜可能比正面管教孩子还多。

# 第 3 章

# 别让你的自我"跑龙套"

母亲、女儿、妻子、儿媳妇……这些都是你生命长河中要出演的角色。不论什么角色,我希望你都能本色出演,而不是演着演着,就把自己弄丢了。

## 当妈更要爱自己

英国小说家蕾切尔·卡斯克(Rachel Cusk)在成为妈妈之后写了一本书,叫作《成为母亲》,其中有一段话让我感同身受:"当我成为母亲的那一天,助产士把我的宝宝抱在我的身边让他吸奶,做完之后助产士说宝宝做得真棒。"那一刻卡斯克觉得自己的身体不再属于自己,而是属于孩子,她感觉她的身体成了孩子的殖民地。

### 你都已经当妈了

我相信每个妈妈刚刚当母亲时,都或多或少有些不适应。我们没有意识到,这种不适应的背后,很可能是母亲的身份和自我的斗争;我们更加没有意识到,我们的自我可能很快就败下阵来了。

你会听到一些话铺天盖地地传来:

"你都已经当妈了,所以为了孩子那口奶多喝两口肉汤又怎么样?"

"你都已经当妈了,怎么还这么脆弱?"

"你都已经当妈了,怎么还能情绪失控、对着孩子大吼大叫呢?"⊖

有次我去体检,对护士说:"我特别怕疼,能不能请你抽血的时候轻一点?"护士说:"你都已经当妈了,怎么还怕疼?"当我成了一位母亲,就仿佛我必须大无畏,上刀山、下火海都不能怕。我都已经当妈了,就必须要把孩子和家庭放在第一位,无私奉献才是好妈妈的标准;我都已经当妈了,一定要始终镇定,哪怕我的孩子把我的手机扔到了马桶里,我也不可以发疯尖叫,我必须温和而坚定,因为这样才是好妈妈。但这样的标准可能已经是菩萨的境界了,我们普通妈妈真的很难做到,虽然我们都很努力,想要做到。结果,想要做个好妈妈,就变成了我们的紧箍咒,我们一旦没做到就会难过,就会焦虑,就会自责,内心很快会被负面情绪席卷。

---

⊖ 这段话取自 2019 年 1 月 14 日我在上海梅赛德斯-奔驰文化中心《点亮她 TALK·暖》的演讲,这段演讲发布在抖音时,单条短视频的播放量超过 2200 万,评论有近 10 万条,妈妈们都在借助这条视频宣泄着自己的情绪,让我看到了妈妈们身后那个无处安放的自我。

## 90分的妈妈还是90分的自己，你怎么选

我想请你来做一道选择题。每个人的时间、精力都是有限的，一天只有24小时，当你需要把这有限的时间和精力分配给不一样的身份，你打算怎么分配呢？你是打算分配给妈妈这个角色，在这上面拿90分，还是希望分配给你自己，在自我这个角色上拿90分呢？每次问到这个问题，大部分的妈妈都选择了在妈妈这个角色上一定要拿高分，但她们不在乎在自我这个角色上得多少分。也有一些妈妈会质疑，为什么不能都拿90分？能是能，但这么做你会很辛苦。都说"食得咸鱼抵得渴"，你不介意就好。

当年我做全职妈妈时，也曾选择在妈妈这个角色上要拿高分，而且自认为自己创业都行，回家带孩子也肯定行。有一天，我陪两个孩子玩耍时，儿子颇为伤感地问我："妈妈，如果你和爸爸离婚了，我该怎么办？"以为儿子这是在考验我，我赶紧把他搂到怀里，对他说："宝宝，如果真有那么一天，妈妈一定两个都要。"儿子挣开我的怀抱说："妈妈你别误会了，我的意思是说，如果你和爸爸离婚，我是要跟着爸爸的，但妹妹肯定跟着你，我担心这样就见不到我妹妹了，一想到这里我就难过。"晴天霹雳！该难过的是我……我花了那么多的时间和精力想要做个好妈妈，结果我的儿子竟然没感觉到我的爱。

有趣的是，在我开始创业做点亮妈妈后，我没有时间对孩子嘘寒问暖、事无巨细都照顾好，更加没有时间拿着放大镜看家里的细枝末节。结果却是孩子更开朗了，我也没空和先生吵架了。那时候，我体会到，原来我做90分的自己反而给了他们空间和自由。

### 这背后是有科学原理的

知名神经心理学家之一、镜像神经元的发现者里佐拉蒂在著作《我看见的你就是我自己》中提到，人类本能的学习方式是模仿别人的行为，对应的这个神经元叫作镜像神经元，意思是像照镜子一样去模仿。0～12岁的孩子本能的学习方式就是模仿父母的行为和思维模式，你做什么，他们就会依葫芦画瓢做什么。如果你一边躺在沙发上浏览抖音上的视频，一边说"孩子，你要学习，你要读绘本"，孩子的大脑让他接收到的是，他应该像妈妈一样躺在沙发上浏览视频。所以，帮助孩子成长最好的方式是家长成长给他看，但这个成长，不应该是为了孩子成长而成长。

### 我们是妈妈，不必依附于任何人

《目送》里，有一段话描写亲子关系：

"我慢慢地、慢慢地了解到，所谓父女母子一场，只不过意味着，你和他的缘分就是今生今世不断地在目送他的背影渐行渐远。你站在小路的这一端，看着他逐渐消失在小路转弯的地方，而且，他用背影默默地告诉你，不用追。"

如果你把一切都依附在孩子身上，依附在家庭上，当孩子独立的那一刻，你还会有勇气对着孩子的背影挥挥手、潇洒转身吗？当你转身之后，你该如何安放你的自我，你又该何去何从？我们是妈妈，但我们每个人也是独立的个体，请不要依附于任何人。并且当你完全依附于其他人时，那个人也会感受到沉重的压力。当你已习惯性地依附于他人时,你也失去了作为一个独立个体去绽放光彩的可能。成为母亲是给了你一个机会,让你把对于生命的理解、对于生命意义的诠释传递给孩子,而不是给了你一顶紧箍咒。

### 什么才是给孩子的最好的礼物

最好的礼物是三个"独立":**独立的勇气、独立的思考、独立的实力**。在看到我们这一辈人和上一辈之间起冲突时,有人会劝上一辈说:"你别管他们了,你该有自己的生活。"上一辈人会说"他们根本不会照顾自己"。其实明眼人都能理解,这明明是上一辈人不愿意放手,因为他们不知道,离开了我们这辈人还可以怎么活,他们已经丧失了独立的勇气。我也经常听到这样一句话:"所有人都这么做,我不这么做,怎么行?"仿佛所有人都这么做,我们也这么做,这样就安全了。不过,你可能没有意识到这种"安全"背后的隐患,那就是随波逐流的思维模式很容易让你成为时代的"韭菜"!如果你希望孩子能站在时代的上游,而不会成为时代的"韭菜",那么最重要的是,你要有独立的思考能力,并且把这种能力传递给孩子。

除了独立的勇气和独立的思考,你还要有独立的实力,也就是你的圈子。你有没有一个能助你一臂之力的圈子?有一部很火的片子《我的前半生》,当罗子君一败涂地的时候,所幸她有一个能干的好朋友,唐晶给了她很多的资源和帮助,并帮助她成功地站起来了。看看你的朋友圈,你的朋友主要是吃喝玩乐的朋友,还是有一些正能量的人在你身边,陪伴你一起成长?

### 别让自我"跑龙套"

我有一个梦想,那就是唤醒更多的妈妈,让她们的自我能重新做回生命的主角,不必再继续"跑龙套"。要让你的自我重新成为主角,你可能需要修炼自己:从时间管理到行动力,从行动力到情绪管理,从情绪管理到自信魅力。希望借这样的修炼,你能重新找回熠熠生辉的自己。

是的,成为母亲,我们就多了一个此生最重要的身份。每个母亲都深爱着自己的孩子,我也不例外。但母爱,应该是一种成全,而不是一种忘我的"自私"。

## 全职妈妈也该有下班时间

有次马云在某个论坛上表示,现在的年轻人有机会"996",是一种幸福。什么是"996"呢?"996"就是像阿里巴巴这样的互联网企业实行的"弹性"工作制,要求员工每天从早上9点工作到晚上9点,一周工作6天。一时间,批评声音此起彼伏,大家都觉得这样的工作制居然被称为幸福,明明就是太辛苦!甚至感叹,难道除了工作就不用活了?"996"就让你叫苦连天,是因为你不知道,这个世界还有比"996"更辛苦的工作制度,那就是"007",也就是一周七天不间断、每天零点工作到第二天零点的工作制。你知道这是什么工作吗?**那就是全职妈妈。每个全职妈妈都是"007"。**

这个工作不单辛苦,更要命的是,从事这个工作还会被家里人认为很闲,认为你的工作不重要,甚至,家里人会把那些琐碎的、不值得他们花时间的事情交给你去做，导致你每天有非常多琐碎的事情要去处理，例如去个银行、洗个车、买个菜，诸如此类。要想找回丢失的自我，**你就不能再当"007"了，全职妈妈也应该有下班时间！**

既然选择了做全职妈妈，就把它当份工作来做；既然是一份工作，你就应该明确你的工作职责以及工作时间。工作职责以外的事情，你要懂得拒绝；工作时间以外的时间，是属于你自己的时间，要让家人学会尊重你，并且明确知道你是有下班时间的。这一点，其实我也是向国外的妈妈学习的。我有一个英国的朋友，她从两个孩子一出生就成了全职妈妈，而且其中一个孩子身体不好，所以她需要花比别人多许多的时间去照顾孩子。但是她的个人状态非常好，还有多余的时间学做翻糖蛋糕，甚至还做起了做翻糖蛋糕的副业。于是我就请教她是如何做到的，她说："我每天晚上差不多七点半就下班啦，剩余的时间都是自己的。"这个办法非常妙。归纳起来，我的建议就是明确你作为全职妈妈有多少职责，然后根据职责决定自己用于履行这些职责的时间，同时固定地留出一些属于你自己的时间。

### 列出时间表

作为全职妈妈，我们需要扮演好妈妈、妻子、女儿、儿媳妇这四种角色。你可以先列出这几种角色的职责和所需要的时间。当你去整理这个时间表的时候，你还能发现哪些职责占用了你过多的时间。这样，你就可以想办法压缩时间或者请别的家庭成员来帮你分担职责，以便给自己留出独处的时段。

我们可以分三步走，你现在就可以拿出纸和笔，或者掏出电脑、创建一个 Excel 表格开始实践。

**第一步，列出家庭所有的事情**，包括照顾老人、洗碗、买菜做饭、洗衣清洁，越详细越好。列出之后，你应当召开一次家庭会议，和先生、孩子商量，哪些由他们完成，哪些由你来完成，比如洗碗可以由孩子做，拖地可以交给先生。总之，你可以通过一次家庭会议把家里大大小小的事情合理地拆分给每一位家庭成员（见表3-1）。当然，作为全职在家的成员，你是需要承担得多一些的，但绝对不是全部。每个家庭成员都应该对这个家有付出，这样才能让家庭更和谐。

表 3-1 家务时间表

| 分类 | 具体事务 | 频率 | 上午 | 中午 | 下午 | 晚上 |
|---|---|---|---|---|---|---|
| 家务 | 洗碗收拾 | 每天 | 桃子 | 婆婆 | | 先生 |
| | 厨房清洁 | 每天 | | | 阿姨 | |
| | 做饭 | 每天 | 桃子 | 婆婆 | | 先生 |
| | 买菜 | 每天 | | | 桃子 | |
| | 浴室1清洁 | 周一、周三和周五 | | | | |
| | 浴室2清洁 | 周一、周三和周五 | | | | |
| | 浴室3清洁 | 周一、周三和周五 | | | | |
| | 卧室1清洁 | 周二和周四 | | | | |
| | 卧室2清洁 | 周二和周四 | | | | |
| | 卧室3清洁 | 周二和周四 | | | | |
| | 公共区域清洁 | 每天 | | | | |
| | 洗衣服 | 周二和周六 | | | | |
| | 收叠衣服 | 周一和周四 | | | | |
| | 衣橱整理和收纳 | 每月1次，固定在30日 | | | | |
| | 床单被套更换和清洗 | 每月1次，固定在5日 | | | | |
| | 添置日常用品 | 周日 | | | | |

(续)

| 分类 | 具体事务 | 频率 | 上午 | 中午 | 下午 | 晚上 |
|---|---|---|---|---|---|---|
| 照顾孩子 | 洗澡 | 每天 | | | | |
| | 喂奶 | 每天 | | | | |
| | 做辅食 | 每天 | | | | |
| | 清洗和消毒奶瓶 | 每天 | | | | |
| | 洗衣服 | 每天 | | | | |
| | 户外 | 每天 | | | | |
| | 陪玩 | 每天 | | | | |
| | 哄睡 | 每天 | | | | |
| 教育孩子 | 家庭辅导 | 每天 | | | | |
| | 课外辅导 | 周六和周日 | | | | |
| 家庭活动策划安排 | 家庭聚餐 | 周五 | | | | |
| | 户外活动 | 周六和周日 | | | | |
| | 看剧、看电影 | 周六和周日 | | | | |
| | 短途旅行 | 每年2～3次 | | | | |
| | 长途旅行 | 每年1次 | | | | |
| | 二人世界 | | | | | |
| | 其他 | | | | | |

注：以上表格几乎列出了所有家务，并做举例说明。每个家庭情况各有不同，使用时还请根据自己家庭情况增减具体事务，设定频率等内容。

确定了你作为全职妈妈的职责之后，**第二步就是明确你的上下班时间**。通常来说，你可能一睁眼就到了上班时间，因为孩子要上学，先生要去上班，你需要为此做许多准备。这个时间相对没有办法调整，但你一定要有下班时间，比如晚上8点，最晚9点。此时你的"内心戏"是不是"这怎么做得到？孩子会哭闹，一定要我哄睡"？打住！我就知道你会这么想，你认为做不到，自然做不到；只要你想做到，总能想办法做到。

还以我刚刚提到的那个朋友为例，她有一个孩子身体不好，但这并不妨碍她 7 点半就下班了。首先，她给孩子们养成了 8 点就睡觉的好习惯。（在中国，你可能得调整到 9 点半，因为作业太多）她会提醒孩子"再有半小时，妈妈就下班了"，给孩子的内心留足准备的时间，然后开始讲故事。讲完故事，亲吻并道"晚安"，她就会离开房间。身体不好的孩子可以在需要妈妈的时候喊她，如果孩子因为生病而需要贴身照顾，她也会"加班"，但她并不会焦虑到非要没日没夜守在身旁才行。

其实仔细想想，为什么会觉得孩子一生病就非要守在他旁边呢？这是因为我们担心、焦虑。那为什么担心，为什么焦虑呢？因为我们对于不确定的事情，在暂时找不到解决方案时，就会习惯性地拿担心和焦虑作为我们的解决办法。然而担心和焦虑于事无补，所以还是把你拿来焦虑和担心的时间拿去安排自己的下班生活吧，就像我这个朋友一样。不仅如此，其实孩子无法独立入睡，说到底，是因为父母没有给孩子机会养成独立入睡的生活习惯，才会在哄睡这件事情上耗费大量的时间和精力。如果孩子清楚妈妈是有下班时间的，那么孩子也会慢慢习惯这个时间安排。毕竟，所有习惯都是培养出来的。

等到你有了下班时间，你作为全职妈妈的优势就会浮出水面。职场妈妈通常下班回到家，觉得白天都没有陪伴宝宝，那睡前的这一大段时间就变得非常珍贵，无法变成自己的时间。然而你因为白天一直陪伴宝宝，你下班后的时间段就完全属于自己，多么幸福的事情！

好了，在你明确了自己身为全职妈妈的职责，同时也确定了自己的下班时间之后，**第三步就是坚决执行**。你要告诉孩子：妈妈也有下班时间,所以每天在读完最后一个故事后,例如 8 点半,妈妈就要做自己的事情了。刚开始执行的时候,你可以跟孩子在同一个房间,让孩子自己睡觉,你做你想做的事情。我认为有必要提醒一下:不要今天宣布自己有下班时间,晚上一到下班时间,你就离开孩子自行去做自己的事情。给孩子一个适应期,在孩子习惯了这一阶段后,再逐渐改为下班时间一到,你让孩子自己睡觉,你到别的房间去。

**小贴士**:到别的房间去这件事情非常重要,千万不要小看转换空间和场景这个动作。空间和场景不转换,你可能就没有下班的感觉,过不了太长时间,你的"下班"就变成一句空话了。

如果家里空间有限,只能在同一个房间里做自己的事情,又该怎么办呢?这也没有问题。你可以给自己布置一个独处的角落(见图 3-1)。当你需要独处时,摆上固定的香薰蜡烛、你喜欢的花瓶等,以增强下班的仪式感,当这些场景布置妥当的时候,就表明你的下班时间到了。

图 3-1　独处的角落

当然，除了与照顾孩子的时间错开，你每天的独处时间最好能和先生的二人世界时间错开来，因为二人世界的时间也很重要。以我们家为例，每天我和先生都会在饭桌旁停留半小时，哪怕吃过饭了，我们也会在那里坐半小时，只为了两个人能聊聊天。之后，我们便各忙各的。

### 为什么晚上需要独处时间

我掐指一算，猜你大概还想问："如果家有学龄儿童，白天孩子去上学了，我也有大把的时间，还要不要在晚上给自己来一个下班时间呢？"我是鼓励你保留晚上的独处时间的，有以下三个原因。第一，白天你可能会有各种家庭职责需要履行，不一定每天都能给自己留出固定的独处时间；第二，这个下班时间其实也是给先生和孩子看的，让他们明白，你是需要尊重的、拥有自我的独立个体，而不是这个家庭随叫随到的保姆，或者说家庭的附属品。这对于你个人的存在感和自我价值感来说非常重要。第三，你这样做也能给孩子一段独处的时间，这对他独立思考和心智发展非常有好处。而且，孩子从小习得独立和独处，上学之后也会更独立，不需要你监督作业，能明白作业是自己的作业，而不会误以为作业是老师给他布置的作业。

**当你拥有属于个人的时间时，做什么最好呢？自然是学习。**许多全职妈妈之所以会感到焦虑、恐惧，就是因为觉得未来不在自己的掌控之中，害怕跟外界脱节，害怕没有把孩子培养好，害怕没有了自我价值。那你思考过怎么才能保持和社会的联系，怎么才能培养好孩子，怎么才能拥有自我价值吗？答案就是，要保持终身学习的态度。全职妈妈可不是退休妈妈。哪怕是退休的人,也会积极寻找自我价值,这样才会觉得退休的日子过得有意义,更何况你我只是暂时回家带孩子。

当年我回到家,开始享受全职妈妈的岁月静好,我不再像以前那样关注外界资讯,也不再看任何拓展眼界方面的书,我的世界除了孩子的"屎尿屁",就是吃喝玩乐。然而,这样的日子过到第五年,当年左右逢源的我,去了一个意大利餐厅,主厨来问好,我居然不知道聊点儿什么好,显得手足无措。《红楼梦》里贾宝玉说女儿不能结婚,一结婚就成了死鱼眼。那时候的我,大约就已经成了死鱼眼。

后面为了我自己重新出发,也为了帮助更多妈妈重新出发,我重新开始接触各种资讯,开始看小说以外的其他图书,我有太多需要学习和消化的新知识,有太多需要接触的新东西。记得那时候看吴声老师的《场景革命》,我是一边看书,一边上网搜索其中对于我来说完全陌生的词。学习的时候,我的世界变得更有趣,整个人也变得更加积极,眼里又有了光芒在闪烁。因为这些学习和自我成长,我的困境都逐步化解,我也拥有了更大的发展空间,对于未来,我不再迷茫,而是充满了期待!

现在的我,非常享受自己这种积极的人生态度。我有时会想,如果让我再做一次全职妈妈,这一次我肯定能做得更好,因为我会把那些多出来的时间用于学习,不会再做着做着就把自己弄丢了。我们的大脑是用进废退的,如果你不经常使用它,它就会一步步退化。所以,有这么宝贵的独处时间,你可以拿出来学习你感兴趣的东西,或者读书来锻炼自己的思维能力,千万不要让你的大脑退化了。而且，只要你在成长，未来就在你手中，你也没什么好害怕、恐慌的了。

### 冥想让你充满美好能量

除了学习，在晚上的独处时光里，我也很推荐你尝试冥想，这是一个能让你整个人充满美好能量的事情。一个人最高阶的成长体现在精神层面，也就是古人说的智慧。赖声川是风靡一时的话剧《暗恋桃花源》的编导，他在《赖声川的创意学》一书里写道：你会发现古人追随孔子、老子、耶稣、释迦牟尼，学的并不是某种技能，而是人生智慧；可是如今的人，普遍都不再深入地探索智慧，只停留在各种技巧和方法的学习上。

希望你能有机会和自己的内心对话，其实你的内心封藏了许多智慧宝藏，冥想是取得这些宝藏最快的方式。有关冥想的方式，请看以下小练习，也欢迎扫码听音频哦。

⊙ **小练习**

**冥　想**

请你选择安静的环境，盘腿坐下。保持背部挺直，随每次呼吸让自己坐得更挺拔一些。稍坐片刻，做三次调息。请右手握拳放在右大腿根部，然后用左手食指按住左鼻孔，想象自己所有愤怒的念头化作白烟从右鼻孔呼出。

扫码收听
冥想练习音频

呼吸三次之后，请换手，左手握拳放在左大腿根部，然后用右手食指按住右鼻孔,想象自己所有的欲望化作红烟从左鼻孔呼出。呼吸三次之后,请两手握拳放于大腿根部,想象自己所有的执着化作黑烟从鼻孔呼出,依然呼吸三次。

调息结束,请闭上眼睛,享受这片刻的宁静,想象有一束光在你的头顶,并从头顶进入,先照亮了你的大脑,再慢慢下行,照亮你的咽喉,再往下行,照亮你的躯干,最后照亮你的四肢,让你整个身体内部处于一片光明之中。安住在这片光明里,不跟随过去的念头,不执着于现在的念头,也不迎接未来的念头,在这样的境界中,放下所有的念头,只关注自己的呼吸。

## 收起你的习得性无助

《灰姑娘》这个故事你小时候一定听过吧?灰姑娘的爸爸在过世之后,后妈对她很不好,还不让她参加王子的舞会。要不是小动物们和仙女教母帮助她,让她去舞会结识了王子,而王子恰好也爱上了这个美丽又善良的姑娘,那她的人生会一直悲惨下去。

在我那个年代(我是"80后"),许多人都认为,不管你是灰姑娘还是公主,最重要的是必须有个王子爱你;要是不幸遇到个"后妈",那还得有王子来救你。要是没有王子出现,或者王子不巧不爱你,那人生就是灰暗悲惨的,一如《海的女儿》里的美人鱼,化成泡沫,消失殆尽。

这些"有毒"的童话深深地埋在潜意识里,汇成了心理学的著名概念——习得性无助。什么是习得性无助呢?用我的话来概括就是，"我不能、我不会、我害怕"。就算事实上我能、我会、我可以，好像也得装作弱小无助才合适。不然，为什么各种宫廷戏都偏爱"玛丽苏"剧情，什么武则天、慈禧、甄嬛，在编剧笔下，一开始都是天真无邪、纯真善良的，然后被人设局、踩在地上摩擦，于是觉醒，最终霸气归来？如果一上来，剧情就讲他们有野心、有权谋，仿佛是会贬低女性的。

我身边有许多案例，经常让我怒其不争，我也在探索，究竟是什么原因，让她们宁肯坐在一艘漏水的船里下沉，也不下水试试自己游走。我有个学员，她是一位全职妈妈。在所有人看来，她的境况已经非常糟糕了：在家遭受冷暴力，每次从先生这里要一点钱都需要大费周章，这种家庭环境对孩子的成长其实也很不利。然而她宁肯在家偷偷哭，也没有动力赶紧出门挣钱。像这样的习得性无助案例，我在咨询里碰到了许多次。我慢慢地找到了这种心理形成的根源，那就是潜意识里经常认为"我不能、我不会、我害怕""我只能等着王子救"。

如果你有女儿，在你为她挑选童话和动画片时，我希望你会选择那些给女孩输入正确价值观的，例如《无敌破坏王》《冰雪奇缘》这些动画片就不错，因为它们都鼓励女孩要勇敢、要努力，告诉女孩"你行的"。

◎ 小测试

### 你的习得性无助指数有多高

先来自测一下你的习得性无助指数有多高。

（1）一个人去餐厅吃饭，你感到自在吗？

（2）一个人去参加陌生人的聚会，你感到自在吗？

（3）你敢一个人去旅行吗？

（4）你喜欢做各种测试吗？

（5）当你做决定时，你经常需要征求身边人的意见，对吗？

（6）当你要去做一件事的时候，你会情不自禁地邀约朋友一起，对吗？

（7）你经常会说"我先生说""我要问问先生意见"，对吗？

（8）你经常会说或者想"我不行的""我不敢"或者"我不会"，对吗？

前3题，回答"是"得1分，回答"不是"得0分；后面5题，回答"是"得0分，回答"不是"得1分。

把你的得分相加。以下是对得分的说明。

如果你的得分在4分以内，你的依赖性非常强，容易陷入习得性无助而不可自拔，你需要积极调整自己的思维和行为，看见自己的能量。

如果你的得分为4～6分，你会有无助的时候，会有想依赖的时候，你要做的是多给自己一些鼓励和信心，进一步释放你的潜能。

如果你的得分为7～8分，女王陛下你好，你的命运完全掌握在你的手中，我只有一个小贴士，我们独立，但不必独行哦。

### 因为怕，所以不敢，这个逻辑是错的

要想扭转习得性无助的思维模式，我们首先要解决一个内心的障碍，那就是"我不敢"。有一次在点亮妈妈成长节上，我们随机邀请妈妈们上台讲述她们的观点。我还特意强调说："希望能看到有全职妈妈站上台来，这个舞台特地为全职妈妈而建。"但可惜的是，在场的全职妈妈纷纷表示自己有点怕上台，最终主动上台的都是职场妈妈。

**因为怕，所以不敢，这个逻辑是错的！**我们经常会认为，某个人敢做某件事情，是因为他不怕。我们鼓励孩子时，也经常说"不要怕"，结果发现孩子依然很怕。为什么？因为真正的勇敢是：**我很怕，但我不会因为怕就不去做了！**这句话值得你读十遍，把它刻入你的潜意识。下一次当你再次面对机会或者挑战时，你要对自己说："是的，我现在有点害怕，有点担心，但是我不能因为怕或者担心就不去做了。亲爱的，加油！"

同样地，你也可以用相同的办法去鼓励孩子。当孩子面对新挑战而感到害怕的时候，你可以试着去回应他害怕的情绪："妈妈知道你现在有点害怕，这很正常。你可以告诉自己'不能因为害怕就不去尝试了'。宝贝加油！"

要敢于面对困难和挑战，并且不再指望别人来"救"自己，最重要的就是承认自己害怕，承认自己担心，然后告诉自己觉得怕或者担心很正常，最重要的是不能因此不行动。在这个基础之上，你可以再向前一步，去实现两个"敢"，分别是敢于主动拓宽人生边界和敢于尝试。当你尝到了这两个"敢"的甜头，

你的习得性无助就自然消解了。

### 你能嫁给胡歌,你信吗

要是你现在未婚,你想不想嫁给胡歌?肯定有胡歌的粉丝会回答"想啊"。但扪心自问,你是就这么随便一想,在网络这个虚拟世界喊喊"老公",还是真的觉得自己能嫁给他?只怕你会说:"我怎么可能真嫁给他?太'扯'了吧,嫁给明星,我也就想想而已。"但有人做到了更"扯"的,那就是英国王妃梅根。她有很复杂的家庭背景,英国皇室没有和非裔结婚的先例,而且她还离过一次婚,甚至出演过性感影片,身上没有一个特点符合皇室择妃标准,但她就是带着这些特点,嫁给了哈里王子。我猜,看到这里,你可能会没好气地说:"我又不是梅根。"是的,那你知道你和梅根的区别在哪里吗?她能成为王妃,而你不能,区别在于你和梅根的思维模式不同。你想的是只有谁谁谁才配做王妃,但梅根可能想的是如何才能做王妃。这两种完全不同的思维模式,会带来不一样的人生。

**所谓敢于拓宽人生边界,你需要做的是升级你的思维模式,把你平时思考问题时问自己的"能不能,行不行"换成"我要怎么做才能,我要怎么做才行"。** 当你去思考怎么做,而不是担心能不能做时,你就打破了头顶那块无形的天花板,你的人生就有了"开挂"的可能,恭喜你,你可以进阶到下一个"敢"了,那就是:**敢于尝试,不怕被否定。**

我想讲一个我的亲身经历。我至今记得在创办第一家公司时,那是家翻译公司，我和几个同学兴奋地讨论，我们要给麦肯锡、花旗银行等许多知名企业发传真，因为我们了解到他们内部确实是有翻译需求的，想象着这些大企业能分一些翻译业务给我们，我们就能赚到第一桶金了，那一刻我们仿佛已经发了财！不光是兴奋地讨论，我们也真给好几家大企业发了传真，结局是这些传真大都石沉大海、杳无音信，最终我们只收到了一家企业的回复，这家企业就是麦肯锡。麦肯锡的翻译部经理回复了一封措辞严厉的信，信里标注了我们传真中的几处英语错误，并且狠狠批评了我们："连基本的商务传真礼仪都不懂，还妄想来拿麦肯锡的翻译单子？"在他看来，我们这种水平的公司应该立即关门！现在请你先不要看后文，如果是你，收到这样的回复会怎么做？当时我们几个人很沮丧，被人否定的滋味绝对不好受，尤其是被业界权威否定了。但当时我心底有一个声音在说："比起石沉大海，这可是一封回信，而且是翻译界的权威回复我们的。我们的水平不够是事实，但难得有人肯给我们指正，这么好的机会可不能错过！"所以，当时的我立即回复了一封邮件，真诚地表示我们其实是几个学生，想开翻译公司，希望对方能给一些指导意见。因为这个机缘，这位翻译业界的权威成为我生命中很重要的导师。也因为他的指导，麦肯锡、花旗银行这些公司后来真的都慢慢成了我们公司的客户。我作为这家翻译公司的创始人，还收到了麦肯锡、美国领事馆、瑞士领事馆这些大单位的感谢信。

有时我在想，如果当年我没有回信，我人生的剧情又会怎么展开呢？当然，以当时我的思维模式，我是一定会回复的，毕竟回复一封信的后果，最多就是对方不理我，或者回信再骂我，但也有那么一点可能性是对方会给我建议和意见。这种做了我不仅不会少一块肉，而且还有可能获得一些机会的事情，我通常都会选择去做，而不是选择算了。

你人生的剧情会怎么展开，就藏在你的思维模式里。如果很在意别人的态度，总担心被别人否定，希望自己时时刻刻看起来都是个聪明人，那你可能会觉得四处碰壁，同时也会失去很多机会。如果你能以开放的心态去拥抱不同的观点意见，甚至把这些不同纳为己用，那你人生的路自然也会越走越宽。**请一定记住：这个世界没有人能否定你，如果有，那允许他否定你的许可证也是你自己发的。**

### 收起了习得性无助，接下来希望你能"眼高手低"

什么是"眼高手低"？具体来说，就是大梦想、勤执行。眼界要高，但要从最基础的开始做起。有一个朋友圈一直在流传的笑话，就是有个人每天都去求菩萨，说："菩萨啊，麻烦你保佑我能中一张彩票。"他每天都这么祈祷。有一天，菩萨终于忍不住开口说："你每天都来求，你倒是去买一张啊！"在创办点亮妈妈期间，我举办了近百场"人生管理私董会"，每次都会听到妈妈们谈论说"我想创业""我想出去找工作"，总之有许多设想。每每听到她们的设想，我就会说："那就去做吧。"然后，她们会说"可是我觉得创业太辛苦了，失败率又很高"或者"我听说早教现在被国家监管很严，没法做了"，等等。总之，有非常多的"我听说"或者"我觉得"，却很少有人说"我想怎么样，我现在已经做了什么"。所以，每次听到这些"我听说"或者"我觉得"，我都会觉得,这太像借口了。光是想,但不卷起袖子干,那又有什么用呢?敢于行动才是关键。如果看过拳击比赛,你应该会留意到拳击手在台上,经常把双拳放在胸前来回跳动,但你有见过哪个选手来回跳个十分钟就是不出拳的吗?同样地,想象你就是那个拳手,了解很多打拳招式,但如果上台之后,一味地抱拳跳来跳去,是不是很令人遗憾?所以,请勇敢地打出一记勾拳,勇敢地做自己人生舞台的主人吧!让我们一起行动!

### 怎么才可以让自己行动起来呢

**第一步,给自己一个目标,然后制订一个计划,并做一个每日时间表,督促自己去完成它。** 目标因人而异,可以是学习储备知识技能,可以是做一件小而美的事情,也可以是一件大事,如创业。但最重要的是当你定下一个目标,就要有个计划并行动起来。不要天天在脑子里前怕狼后怕虎,允许自己害怕,但更要允许自己去行动。

想要鼓励自己行动,最好是制订一个行动计划。有了行动计划,你就能更自律地去做。以我自己为例,2015年初,我在做了五年全职妈妈之后决定要再创业,希望能帮助更多像我一样迷茫无助的全职妈妈。我能清楚地感觉到我对自己的能力是否有退化深感焦虑,并且我一想到创业的辛苦就有点怕。当时的我问自己:"出去,会很苦;继续留在家,会不甘心,总要选择一样,我选哪一样?"我发现自己更倾向于选择出去。那我就对自己说:"既然决定出去了,就要立即去做。"为了让自己不退缩,我给自己定了一个半年的计划,那就是要用半年时间找到合伙人,同时要想清楚自己的商业模式，最不济我也得把公众号先开起来。有了这么一个计划，我第二步就是把计划变成每日的时间表，我逼自己每天要见一个可能帮助我做这件事的人，同时逼自己每天要花两个小时写一篇文章，以便未来开公众号用。与此同时，为了让自己更有勇气面对所有的未知，我每天早起锻炼半小时，让我的心和身体去承受一些压力，把这些压力转为行动的动力。你知道吗？当你给自己定下目标，并做了计划，你的心就会踏实起来，然后会把注意力专注于怎么做，而不是要不要做。

**第二步，朝着目标前进，忘记"高级"这件事**。当你为自己设定了目标，接下来就是要去实现它，要逼自己努力往目标前行。在这个过程里，最干扰你的可能是：这件事会不会太"low"（"低级"的意思）？这件事看起来很没有格调。其实，只要不是骗人或者触碰人性底线的事情，哪有什么"low"不"low"？真正"low"的，可能是毫无光彩地活完这一生。所以，忘记"高级"这件事，它会阻碍你去做你想要做的事。我组织的点亮妈妈创业分享会中，一位妈妈分享了她自己的故事。她原本是名设计师，出入都是五星级酒店，后来因为生孩子做起了全职妈妈。再后来，她爱上了半永久文眉，觉得替别人文眉也是设计，还特有成就感。然而，当她真的开了半永久文眉店之后，发现自己急需招揽客户，这个问题该怎么解决呢？有朋友出主意说可以发传单。然而，对于一个平时习惯了享受别人服务的人，要她去低三下四遭白眼求人，这要过多少心理关？

她最终选择去做了。在那天的分享会上，她分享了一个趣事，就是她和先生、孩子去看电影，出来看见人多，立即掏出包里的传单开始发,她的先生和孩子亲眼见她可以从容自然地这么做,先生觉得"老婆,你好棒",孩子也觉得自己的妈妈很厉害。她讲到这一段时,自己没哭,台下的许多妈妈却开始抹起眼泪。

你能多大程度忘记所谓的高级,更关注目标,你的能力就能多大程度地得到增长。其实敢与不敢之间就是一转念,然而这一转念,就能让你不再被许多条条框框所束缚,就能在生活中拥有更多从容和勇气。

我已经找到了办法来帮助大家顺利实现"敢与不敢"间一转念的转变。那就是养成关注目标、找解决方案的思维习惯。这个思维习惯我将在第5章全盘教给你。

## ⊙ 小练习

### 做一件你一直想做不敢做的事情

第一步:之所以想做还没做,你的顾虑是什么?请你详细列出来。

第二步:这件事身边有人做得不错吗?去问问她是怎么做的,并把你的顾虑告诉她,听听她怎么说。

第三步:综合朋友告诉你的情况和意见,给自己制订一个时间表,然后开始做吧。

## 用正念化解你的情绪

关于情绪,你需要知道的最重要的一个真相,那就是:脾气不好不是性格缺陷，而是思维模式需要调整；转换思维模式，你的情绪问题也就迎刃而解了。有了这颗定心丸，让我带你层层递进地了解情绪，真正做到"你的情绪你做主"。

### 情绪是如何控制你的

每个人都知道发火不好，但又都有那么些时候，火气上来拦都拦不住，直到把火发完了，回过神才会觉得好像不妥。然后，你就默默在心中对自己说："下一次，我一定要忍住。"但是情绪这个东西，忍是很难忍的，你不是憋成内伤，就是火山喷发，都不好。正所谓"知彼知己，百战不殆"，想不被情绪牵着走，你需要先了解它。

我先举一个例子。有一天，我给一位妈妈做咨询，她给我描述了一下先生和她的对话，背景是她赌气带孩子回了娘家，然后先生来劝她回去，她本来的计划是有个台阶就下。结果先生对她说："你看你现在工作这么忙，都顾不上照顾孩子，还不赶紧把孩子带回家。"听到这里，这位妈妈的怒火一下就上来了，质问先生："你凭什么说我没照顾好孩子？"此处省略她对先生各种不是的指责，然后两人不欢而散。我问她："你原本不是想先生给个台阶你就下吗？"她说："当听到先生抱怨，尤其是说到我没顾上孩子时，我觉得他根本没资格说这句话，所以我就生气了。"等意识到这是笨老公自己给自己找的台阶，老公已经被她骂跑了。

这个案例体现了一个人生气的三个步骤：

第一，内心有个预期，在这个案例里是她预期先生会给自己一个台阶下，而且在她的设想里，这个台阶可能是先生主动认错。

第二，剧情没有按照设想发展，连接炸药桶的导火线就开始进火星了。

第三，一句话或者一个动作直接点燃了导火线，在这个案例里就是"顾不上照顾孩子"这句话，然后我们就会当场爆炸。

仔细回想一下自己情绪爆发的场景，你会发现几乎都有这三步，而它的根源就在于你的内心有一个预期或者设想，结果出现了和它不符合的场景，这非常容易就把你点燃了。总结起来，人会有负面情绪，根源就是两点：

**第一，有人做了你不喜欢的事，或者逼你做你不喜欢的事。**比如说，我不喜欢家里乱七八糟，我喜欢整洁，然而一天下来，孩子玩具到处都是，先生的臭袜子、脏衣服也随处可见，基本上我就很容易"炸了"；再比如说，你给孩子布置了他不想做的难题，然后孩子会想"我本来就不想做作业，结果还给我这么难的题"，这时候孩子负面情绪自然就会上来。

**第二，有人打乱阻挠了你的设想、计划、安排。**比如你想好了暑假给孩子报一个国外的夏令营班，这样你也可以顺便在国外待一段时间，结果呢？孩子爸爸说给孩子国内找个班就好了。你想好的安排全部被他打断了，负面情绪就上来了。

所以，当有人打乱、阻挠了你的设想、安排，或者说做了你不喜欢的事时，你就会不自觉地陷入情绪紧张，这时候，连接你炸药桶的导火线就开始进火星。接下来，哪怕一句玩笑话，或者平时你觉得孩子这么做很可爱的一个小动作都可能直接把你引"炸"了。那么，当你意识到自己发火生气有这三个步骤和两个原因时，你有没有办法控制住自己的负面情绪呢？答案当然是：**没**

**有办法！因为情绪是无法被控制的，你要做的是放下情绪。**

想要做到放下情绪，你要意识到发火的根源，这本身就会减少负面情绪。因为情绪很多时候坏是坏在你没觉察到它的到来。如果你对它有了觉察，它本身就能被化解。举个例子，现在我先生学聪明了，当他感觉到我那根导火线在冒烟的时候，他会很主动地对我说："我感觉到你的导火线冒烟了。"很多时候经他这么一说，我就会察觉到自己负面情绪上来了，想一想，觉得好像没必要发火，这件事就过去了。当然，也有很多情况是我们就算知道自己要发火了，一样控制不住。所以，知彼知己，当你了解了情绪这个"彼"，你还需要了解令你发脾气的思维模式这个"己"。

### 发脾气是有惯性的

孩子正在看电视，妈妈说"开饭了哦"，孩子完全没听到，继续专注地看电视。妈妈过来对孩子说："关掉电视，咱们得吃饭啦。"孩子说"妈妈让我再看一会儿吧"，妈妈说"不行"，并且"啪"的一声把电视关了。孩子一看，自己那么想看的电视没看成，也就是别人做了他不喜欢的事，于是一屁股坐地上哭起来。妈妈接着也生气了。这种事情上演几次以后，会出现孩子在看电视，妈妈在旁边说"开饭啦"，这时候孩子听到这句话，就一屁股坐地上哭了，边哭边说："妈妈讨厌，不让我看电视。"

这就是情绪主导思维的过程固化为惯性思维的体现，具体来说，就是当对方没有按你的预期行事，或者说对方和你意见不一致时，你会条件反射地认为"麻烦来了"！从小到大的各种经验告诉你，如果遇到麻烦，就需要费口舌解释，解释了可能还是有麻烦。所以，大脑会把这些麻烦自动翻译成"麻烦大了"，而其实可能当下的事情没有你想象中那么严重，但大脑的翻译让你不再分析当下的情况，而是直接让负面情绪升温，让你觉得烦躁，这时候你基本上已经被情绪绑架了。慢慢地，你可能连想"麻烦来了"这个步骤都省略了，因为思维定式，或者说经验让你遇到与预想不一致的情况就直接进入烦躁模式，就像孩子看电视这个例子里，孩子一开始是在妈妈强制性关电视之后才会哭的，但后面就会演变成妈妈一喊吃饭就已经开始哭了。如果这种沟通方式不改变，那孩子一遇到父母和自己意见不一致，就会立刻爆发。还可以用更形象一点的说法形容这根导火线，那就是我在前面提到的，我们的大脑会对我们说"狼来了"！现在要做的就是不要听到大脑喊"狼来了"，就以为真的来了个狼，而是观察一下，究竟有没有狼，或者能不能打败这匹狼。具体到行为层面，就是每当你意识到别人意见和你不一致、没有按你的预期行事或者做了你不喜欢的事情时，感受到大脑处于战备状态，你就立即问自己：**这件事真有那么大麻烦吗？这件事真有那么要紧吗？**

当你能理性地反问自己并开启和自我的对话，恭喜你，你的思维模式就开始改变了，你会慢慢成为情绪的主人。

### 本能三需求是你的炸药桶

刚刚我讲了导火线，而连接导火线的炸药桶，你也需要了解一下。我们的炸药桶藏得很深，而且威力特别大，因为这些炸药是我们作为人类的本能三需求：渴望被认可，渴望被尊重，渴望安全感；反面对应的则是我们内心深处的不自信、被忽视以及没有安全感。这三点其实是我们从原始人开始就有的本能诉求，本身没有什么过错，但如果你对它在乎的程度太高，你就容易焦虑、烦躁、不安，也就容易生气、发火。所以，你要寻找一下自己的炸药桶在哪儿，能找到它，就可以避免点着它。

　　我先举个例子，孩子在公共场合哭闹，然后你轻声劝阻，但是孩子依旧哭闹，这时候你已经极度想发火了，但因为看到旁边有许多带孩子的妈妈偷偷瞄你，你心里想："我可是学过正面管教的，我绝对不能对孩子发火，我要给他们看看我如何成功教育孩子。"所以你继续强压火气，虽然脸都快变形了，但依旧轻声细语地哄孩子。然而孩子依旧不屈不挠地哭闹，这下你觉得自己面子都被孩子丢光了，最终怒火如火山一般喷发，而且此次喷发可能特别严重。之所以特别严重，是因为这怒火里交织着两个内容：一是对于孩子不听话感到生气；另一个则是当众发火是件很丢脸的事，让你着实气恼。你希望证明自己本来不是那么爱发火的人，真的是因为对"熊孩子"没办法，总之所有问题都是孩子造成的！

　　有个成语特别精辟地概括了这种情形，那就是**恼羞成怒**。其实光是恼还好。可是，当我们一旦渴望被认可的时候，羞又被激发出来，两种情绪一交织，恼羞成怒，那就非常严重了。在恼羞成怒的背后，就是渴求认可但没有得到，它可能源于小时候父母很在意我们有没有得到别人的认可，也可能源于我们与生俱来的好强性格等。重要的是，我们要意识到自己特别渴求得到别人的认可、尊重，或者特别渴求安全感，一旦这种渴求的程度达到了比较极端的程度，我们就会被这些渴求绑架了。

　　当意识到这就是深藏在我们内心的炸药桶，下次再遇到相似场景时，我们就可能转而关注孩子为什么会哭闹，解决孩子面对的问题，而不是只想着赶紧阻止她哭闹，以免自己丢脸。之所以不少妈妈做了全职妈妈之后，特别不喜欢别人称呼自己是全职妈妈，就是因为担心全职妈妈这个标签会显得自己不厉害、没有用，更深层次的原因就是渴望得到外界的尊重。

让大家不要被本能三需求绑架，并不是说这些需求不应该得到满足。既然是人性的本能需求，它的存在一定是合理的，甚至是推动人类进步的驱动力。我强调的是，不要被它们绑架，不要仅仅为了满足这种本能的需求而做一些事，因为这会让你更容易陷入负面情绪、无法自拔。比如许多父母不赞成让孩子超前学习，但最终都给孩子报了各种班，理由就是："大家都在给孩子学习十八般武艺，我的孩子不学能行吗？"这就是被渴望安全感的本能需求绑架了，所以无法冷静分析超前学习的目的是什么。父母的目的应该是让孩子在未来更有竞争力，然而让孩子上各种班就一定能让孩子更有竞争力吗？我觉得你反倒更有可能在青春期收获一个叛逆的孩子。

### 用正念化解你的情绪

不知道你有没有注意过自己在倾诉委屈和难处时是如何去描述的。你可能会说"我累了""我很忙""我很生气"。你有没有发现，这些话都带有一个"我"字？大部分人在思考问题的时候，都会本能地从"我"出发，而这种本能会像一块布一样遮蔽我们的眼睛，让我们看不见别人的需求。例如孩子看电视，你和他约定好只能看半小时，结果他正好看到精彩的地方，孩子就想反悔，不想立即睡觉。你可能会觉得孩子真不听话,看电视没完没了。但试想你"刷剧"的时候,如果正好"刷"到关键处,不让你"刷"了,你会不会也很恼火?如果你看到最起劲的时候有人要关掉电视,你会怎么样?

蒋勋讲《红楼梦》时,说过一件有意思的事。他有时候会觉得好讨厌某个人,不明白这个人怎么会每次讲话都让人这么难过、不舒服,这么低级趣味。然后他就用了一个方法,就是开始写小说,把自己讨厌的人变成小说中的主角,写着写着,蒋勋就开始为这个主角着想,在小说里说明这个主角为什么会这样,长大的过程中碰到什么事,最后蒋勋就会觉得这个人不错,非但不讨厌,还挺招人喜欢,这就是因为他理解对方了。因为理解,我们会从讨厌到喜欢;也因为理解,我们会从生气到宽容,甚至是慈悲。这就是能化解你情绪的正念。

### 如何理解正念

要理解正念,你需要从两个层面入手。

**第一层是要有同理心。当你觉得对方和你意见不一致,或者和你的预期不一致时,请你想一想,如果你是他,你会怎么想。注意:我说的是如果你是他,我不是说,如果他是你。因为有时候我这么说的时候,来访者会讲,如果我是他,肯定会按我说的做。**但不知道你有没有想过,他为什么没有按你说的做呢?显然问题是你并没有成功换位,那应该如何换位呢?

有天一位微博博主说:"想象我是大海,我将亲吻每一个海浪,拥抱每一条游过的鱼。"然后下面有人评论说:"如果我是大海,我会觉得这么多鱼游来游去让我恶心,我讨厌飞过的海鸟在我身上拉屎,我也讨厌那些巨浪让我头晕。"这位博主就回了一句,说:"我是说想象你是大海,而不是想象大海是你。"

以孩子为例,许多妈妈对于孩子晚上不肯睡觉感到崩溃。为什么孩子晚上会不肯睡?大部分人会说原因是贪玩。这时候,要有同理心,回想你像孩子这么大的时候,是不是也一样贪玩、不肯睡觉。这样,你才能真的站在孩子的角度看这件事。当然,这不意味着就能解决晚睡的问题了,想象你就是那个又累又困的妈妈,要怎么解决孩子晚睡的问题呢?第一,你可以表示理解,同时指出就像孩子很想玩一样你也很想睡,问:"宝宝,当你很想睡时如果旁边有人闹,你会不会很心烦?"然后让宝宝和你一起寻找解决方案。你共情孩子,也应当让孩子共情你。第二,你可以提两个解决方案让孩子选:方案一,你去睡,他自己玩,他玩好以后自己上床睡觉;方案二,约定妈妈还能坚持耐心陪玩的时间,比如10分钟,然后就必须一起睡。当然,在这个环节你也可以让孩子自己提方案。第三,与孩子达成一致,坚决执行。

一般来说,如果你能用同理心,真正想象如果你是对方,你此刻的处境、心情、需求会如何,你就很容易找到方案解决当下场景中遇到的难题,也不太可能发火,甚至还可以在对方发火的情况下化解矛盾。

**第二层就是不强求。** 我们会认为自己是有原则的人,我们有自己固守的价值观,却时常会忘记这些是我们自己的原则、我们自己的价值观,不能强求别人也要有一样的原则、一样的价值观。我也许不赞同别人的某些原则和价值观,但我会给予足够的尊重和理解，因为每个人成长环境不同。哪怕别人的原则和价值观确实有问题，但我依然会尝试去理解，甚至希望能为对方做点什么。这个我们口中的"别人"，可能只是没有机会形成更好的原则和价值观，与其发火指责，倒不如帮助他们；如果帮不上忙，我们至少可以尝试给予理解和包容。

我至今记得有一次，我正在开车，突然遇到一辆助动车逆行、闯红灯，且速度极快，我赶紧急刹车，还好没撞上。当时我就很生气，觉得对方怎么可以这么不遵守交通规则呢，认为对方素质太低。我先生当时说："如果这个人和你一样受过高等教育，买得起四个轮子的车，我相信他对交通规则的理解就会和你一样了。"这件事我一直记在心中，每当我开始理所当然认为某件事就该怎么样，甚至快要义愤填膺时，我就会想起这件事，开始去观察对方的生活背景、所处的家庭和社会环境，然后我就会理解他为什么会这样。因为理解，所以宽容，情绪也自然就放下了。

⊙ 小练习

**试着理解你不喜欢的人**

请你讲讲你最不喜欢你妈妈、婆婆或者当下和你有不愉快关系的某个人的一点，然后根据他的家庭和社会环境分析他为什么会有你不喜欢的这一点。写完看看，你有没有变得理解他一些。如果下次他和你又有原则或者价值观的碰撞，你会怎么做？

请把以上问题直接写在下面或写在一张纸上，我希望它能带给你正面的能量。

请讲讲你最不喜欢你妈妈、婆婆或者当下和你有不愉快关系的某人的一点。

_____
_____
_____

根据他的家庭和社会环境分析，他为什么会有你不喜欢的这一点？

_____
_____
_____

你有没有变得理解他一些？如果下次他和你又有原则或者价值观的碰撞，你会怎么做？

_____
_____
_____

## 做个闪闪发光的魅力妈妈

在做全职妈妈之前，我也算阅历丰富：接受过央视采访，是各国驻沪领事馆各种活动的座上宾……然而,当我做了五年全职妈妈后,有次先生带我去一家米其林餐厅吃饭,餐厅的意大利主厨出来接待我们,我居然一下子手都不知道往哪里放,特别局促。那一刻,我把我曾经有的自信弄丢了。不过,经历了自信丢失再找回的过程,我特别想把这个过程和我的心路历程分享给你。我想告诉你,我可以,你也可以。

想要做到自信沟通,有两个小窍门:**一是保持微笑,二是预演沟通过程。**

### 自信小窍门一:保持微笑

你是否自信,其实旁人看不穿。掌握了以下小窍门,在旁人眼里,你看起来就是很自信的。这个窍门很简单,那就是保持微笑。

有次我参加第一财经组织的《谁来一起午餐》,这个节目要求我在比赛的时候带一个测心跳的仪器。这场比赛我赢了,现场的小伙伴对我说,他们看我的表现都觉得我超级自信,表现也很棒,但每次我看自己的心跳数据都很担心,我的心跳一直在140次/分左右徘徊,明显我很紧张。

我讲这个案例就是想告诉你,没人能看穿你是否自信,担心被看穿真是多余的。**保持微笑,即使感到不自信或者紧张也不要皱眉,提醒自己微笑,这时候你就是最自信的。**当然,**微笑也有技巧,找一个让自己舒服的样子微笑。**我记得多年前大S在节目里说,她起初是对着镜子练习微笑的,练习出一个最满意的笑容后,后面就一直这样做。同样地,你也可以在家对着镜子练习微笑,当在外面感到紧张、不自在时,就可以展示练好的微笑。多练习几遍，这样在外面时想到自己展示的微笑是自信的，你的心态也会跟着自信起来。

### 自信小窍门二：我的场子我做主

这个小窍门就是，**给自己一些心理暗示，让自己觉得这个场子你做主**。不知道你有没有留意过，许多歌手在演唱前，喜欢把麦克风取下来再放回去，明明那个麦克风摆得好好的，但他们还是会做这个动作，并且还会对着麦克风喊两声。这么做其实就是在给自己心理暗示："现在我是这里的主人了，我拥有这里的主动权。"同样地，你也可以这么做。当你去参加聚会时，你可以尝试挪挪桌上的东西，比如咖啡杯，让自己感到拥有主动权，变得自在；当你上台讲话时，你可以先在场上来回走两步，让自己感到这个地盘现在由你做主了，从潜意识层面让自己觉得主动权在你手里，你的自信就会随之而来。

了解了微笑和主动权心理暗示法这两个自信小窍门后，你可以给自己一些实验的机会，你会发现自己超级自信。接下来就是一个重头戏：**预演你的沟通过程**。

### 给沟通做一个彩排

通常会让你感到不自信的场景是我们需要和自己很在乎的人说话，或者需要当众发言，这个当众发言的"众"可能是几个人的小聚会，也有可能是有上百听众的公开演讲。这种情况下你可能会特别担心，没有办法很自如地表达，呈现出不自信的状态。我有办法让你看起来自信满满，那就是**预想好当天的所有情形**，甚至聊天内容，等到了现场按照自己练习的内容来，自然就看起来自信了。我们不自信，往往是因为你不知道会发生什么、遇见什么，然后在发生或者遇见事情时，你不知道该怎么说、怎么做。然而当你练习过，你就知道该如何应对，就不怕了。而且我要告诉你的是，那些你觉得自信满满的人，他们和你的区别就在于他们花了很多时间练习。电影《我和我的祖国》里，你看那位升旗手反复演练多少遍才能在高度紧张的情况下，依然分毫不差地完成升旗任务。所谓临场发挥，一般都是经验更丰富、出现的情形都遇到过或者在内心已经演练过罢了。**于你这看起来是临场发挥，于他则是已经准备好的台词。**

现在，我举个例子，让你知道该如何练习。比如你想参加一个读书会，但又怕去了不会说很丢人。那你要做的是，在线上先问问读书会当天的流程是什么。通常来说，一个小型聚会包含破冰，也就是自我介绍，然后是领读，并且会邀请一些参与者分享他们的观点。除此之外，可能还会有大家互相随意交流。了解清楚流程后，请你给自己制订一个**自信爆表计划**。先确定当天你要不要去分享观点。假设你会去分享观点，那你的计划就包含三部分，一是自我介绍时如何介绍自己，二是分享观点时分享什么内容，三是随意交流时交流点什么好。

怎么确定如何自我介绍呢？以终为始，也就是根据你参加这场读书会的目的来确定。你是担心与社会脱节，想拓展人脉，还是想学习新知识？假定你是怕自己会与社会脱节，所以想走出去结识更多人。从这个目的出发，那你的自我介绍就应当包括：你在做全职妈妈之前做什么、宝宝现在的年龄和性别，以及你这次来参加读书会的目的是希望能认识更多朋友。你可以根据自己的实际情况去打草稿，并且形成自己独有的模板，以后再遇到类似情境，就能自信满满地介绍自己了。

接下来我们看看如何准备分享的观点。这是需要你重点准备的内容，你可以遵循一个原则：**只讲一个观点**。记得用书里的内容去证明你自己的观点，最后可以延伸到一些感悟上。如果你的思维很容易发散，那么就需要先集中练习，但不用写成稿子，写成稿子后你可能会因为背不出来反而紧张，你要做的就是记住自己要讲的观点，通常来说也就一两句话，然后再想一些案例，在书上做标记，也可以准备一些扩充的观点。当你有备而去，你就会更自信。即便是得到 App 的创始人罗振宇，演讲经验已经很丰富了，但每年跨年演讲 3 小时，他也会准备非常详细的讲稿。你想突破自己、变得自信，就可以和他一样，将准备做到淋漓尽致。

还有一个场景需要预演，那就是交流。有时候你会担心和陌生人见面交流，不知道说什么好，这时候你这个当妈的身份就能发挥作用啦。给自己准备几个话题，例如你们家有几个宝宝、孩子多大了、幼升小打算怎么做……妈妈们很容易就能聊开，而聊开的基础就是事先准备的话题。如果你担心自己说话时表情不自然，那就学大 S，先对着镜子练习。以我自己为例，我现在已经可以做到在台上讲话时，自己露出什么样的表情，我自己是完全知道的。这就是练习得来的，你也可以做到。

### 自信是需要储蓄的

**自信是需要储蓄的，而且储蓄的速度很快，只要感受到一点**

自信，你的大脑就会尝到甜头，然后你就会越来越自信。以我为例，我自信的起点是一场辩论赛。那场辩论赛对我而言，是一个巨大的挑战。小时候的我，纵然内心有一团火，但表现出来的性格是很内向的。

我特别爱辩论赛，那时候的国际大专辩论赛（现称"国际大学群英辩论会"）我都看了很多遍。所以，当我们学校提出要组织辩论赛时，我十分兴奋，但也很紧张，我不敢报名，怕自己上台说不好，也怕自己丢脸。不过我太喜欢辩论了，这种强烈的愿望最终战胜了我的不自信，我报了名。第一次辩论，我特别特别紧张，只发了几次言，表现并不是很显眼。但对于我自己来说，这是巨大的进步。因为那是我第一次当众讲话，经历过这次辩论赛，我发现原来当众讲话没那么恐怖，而且我在自己不那么好的表现里看到了我可以做得更好的可能性，开始对自己有了一点信心。我真的很喜欢辩论，所以又报名参加了几次辩论赛，在后面的辩论赛里我一次比一次表现得好，自信心也越来越强，连带我的学习成绩也变得好起来，不再是全班中下水平，一跃成为全年级前几名。

所以，假如你真的希望自己变得很自信，那你首先要做的就是储蓄一些自信，让你的大脑尝到甜头，让自信像雪球一样滚起来，越滚越大。

### 让自信像雪球一样滚起来

我给你推荐一个非常好用的办法，那就是**写一本成功日记**。首先，你要写下你过去成功克服的困难。当开始细数时，你会发现，原来你的成功时刻比你以为的多许多。我在后面会给大家一个记录的范例,大家可以参照着记录自己的成功时刻。

记录这些过去的成功就是在给你的大脑储蓄自信,当你发现自己原来拥有这么多自信时,你就可以进入第二步,开始写成功日记,也就是记录你每天成功克服的困难。连续写10天后,你会开始期待每天有困难出现。当连续记录到30天左右时,你就会开始主动找困难去挑战了,到那个时候,你的眼里就不再有困难,取而代之的都是令你兴奋的挑战。

自信是你必须有付出才能获得的能力,希望你能根据以下范例来做练习。当你把自己每一次克服困难的情形写下来后,你就会变得越来越自信,成为一个闪闪发光的魅力妈妈。

### 这样做真的有用吗

正如我在前面就提到过的,你的思维惯性是有神经基础的。当你不自信时,相应的神经环路就会很强,而你要做的,就是让这条通路变弱,甚至修剪这条环路的神经元,同时去增强自信的神经环路。

那如何改变神经环路呢?你要用自信的语言和行为去刺激你的大脑,帮助它发生变化,然后自然而然地你就变得越来越有自信了。

在最后,我想送上一段我特别喜欢的话:注意你的心态,它会成为你的语言;注意你的语言,它会成为你的行为;注意你的行为,它会成为你的习惯;注意你的习惯,它会成为你的人格;注意你的人格,它会影响你的命运。

⊙ 小练习

### 成功日记

首先请你细数你过去拥有的成功。你可以写10个，记录你的感受，然后大声地读一遍你拥有的成功，去感受成功在内心翻腾，让这股内心的能量为你赋能，增强你的自信心。我先举个例子。

我曾经一个人去了巴厘岛，还自己雇了向导爬到了当地火山的顶端。这是我第一次一个人到国外旅游，**我的感受是自豪，我太勇敢了，我可以完全地信任自己，我尝到了成功的甜头。感谢我的勇气带给我的美好，感谢我此刻的觉察，让我感受到自信这股能量的流动。**

过去，我在极度不自信的情况下鼓足勇气报名参加辩论赛，然后花了许多时间认真准备，虽然第一次表现一般，然而**我的感受是很开心，因为我克服了内心的恐惧，看到了敢于体验过程的美好，看到自己是有潜能的，尝到了成功的甜头。感谢我的勇气带给我的美好，感谢我此刻的觉察，让我感受到自信这股能量的流动。**

过去，我做了五年全职妈妈，在整个人都变得不自信的情况下，我鼓励自己走出家门做点什么。当时我给自己做了非常详细的时间安排，逼自己每天去见一个可能对我有帮助的朋友，开口求助，逼自己每天要写一篇文章，最后，我终于创办了点亮妈妈。现在的我，早已经恢复了往日的自信。**感谢我的勇气带给我的美好，感谢我此刻的觉察，让我感受到自信这股能量的流动。**

当我用心记录，我发现我原来拥有如此多的成功，我的内心原来拥有这么大的能量！感谢我此刻的觉察，让我感受到了美好能量在内心的涌动。现在，我面带微笑，合掌祈祷，愿我能一直与勇气同频，愿自信一直与我同在。

请注意，以上这个范本，包括最后这段祝福文，都请你记录在下面的成功日记里，完成后像我刚刚那样读一遍，这个动作会让你的自信心更加高涨！

我曾经_____
_____
_____

我的感受是_____
_____
_____

**感谢我的勇气带给我的美好，感谢我此刻的觉察，让我感受到自信这股能量的流动。**

我曾经_____
_____
_____

我的感受是_____
_____
_____

**感谢我的勇气带给我的美好,感谢我此刻的觉察,让我感受到自信这股能量的流动。**

我曾经_____

_____

我的感受是_____

_____

**感谢我的勇气带给我的美好,感谢我此刻的觉察,让我感受到自信这股能量的流动。**

我曾经_____

_____

我的感受是_____

_____

**感谢我的勇气带给我的美好,感谢我此刻的觉察,让我感受到自信这股能量的流动。**

我曾经_____

_____

我的感受是＿＿＿＿＿＿＿＿＿＿＿＿＿＿＿＿＿＿＿＿＿＿＿
＿＿＿＿＿＿＿＿＿＿＿＿＿＿＿＿＿＿＿＿＿＿＿＿＿＿＿＿＿
＿＿＿＿＿＿＿＿＿＿＿＿＿＿＿＿＿＿＿＿＿＿＿＿＿＿＿＿＿

**感谢我的勇气带给我的美好，感谢我此刻的觉察，让我感受到自信这股能量的流动。**

我曾经＿＿＿＿＿＿＿＿＿＿＿＿＿＿＿＿＿＿＿＿＿＿＿＿＿
＿＿＿＿＿＿＿＿＿＿＿＿＿＿＿＿＿＿＿＿＿＿＿＿＿＿＿＿＿

我的感受是＿＿＿＿＿＿＿＿＿＿＿＿＿＿＿＿＿＿＿＿＿＿＿
＿＿＿＿＿＿＿＿＿＿＿＿＿＿＿＿＿＿＿＿＿＿＿＿＿＿＿＿＿
＿＿＿＿＿＿＿＿＿＿＿＿＿＿＿＿＿＿＿＿＿＿＿＿＿＿＿＿＿

**感谢我的勇气带给我的美好，感谢我此刻的觉察，让我感受到自信这股能量的流动。**

我曾经＿＿＿＿＿＿＿＿＿＿＿＿＿＿＿＿＿＿＿＿＿＿＿＿＿
＿＿＿＿＿＿＿＿＿＿＿＿＿＿＿＿＿＿＿＿＿＿＿＿＿＿＿＿＿

我的感受是＿＿＿＿＿＿＿＿＿＿＿＿＿＿＿＿＿＿＿＿＿＿＿
＿＿＿＿＿＿＿＿＿＿＿＿＿＿＿＿＿＿＿＿＿＿＿＿＿＿＿＿＿
＿＿＿＿＿＿＿＿＿＿＿＿＿＿＿＿＿＿＿＿＿＿＿＿＿＿＿＿＿

**感谢我的勇气带给我的美好，感谢我此刻的觉察，让我感受到自信这股能量的流动。**

我曾经_____

_____

我的感受是_____

_____

_____

**感谢我的勇气带给我的美好,感谢我此刻的觉察,让我感受到自信这股能量的流动。**

我曾经_____

_____

我的感受是_____

_____

_____

**感谢我的勇气带给我的美好,感谢我此刻的觉察,让我感受到自信这股能量的流动。**

我曾经_____

_____

我的感受是_____

_____

_____

感谢我的勇气带给我的美好，感谢我此刻的觉察，让我感受到自信这股能量的流动。

　　当我用心记录，我发现我原来拥有如此多的成功，我的内心原来拥有这么大的能量！感谢我此刻的觉察，让我感受到了美好能量在内心的涌动。现在，我面带微笑，合掌祈祷，愿我能一直与勇气同频，愿自信一直与我同在。

日期：
今天，我_____
_____
_____

我的感受是_____
_____
_____

　　感谢我的勇气带给我的美好，感谢我此刻的觉察，让我感受到自信这股能量的流动。

今天，我_____
_____
_____

我的感受是_____
_____
_____

感谢我的勇气带给我的美好，感谢我此刻的觉察，让我感受到自信这股能量的流动。

今天，我_____

_____

我的感受是_____

_____

感谢我的勇气带给我的美好，感谢我此刻的觉察，让我感受到自信这股能量的流动。

当我用心记录，我发现我原来拥有如此多的成功，我的内心原来拥有这么大的能量！感谢我此刻的觉察，让我感受到了美好能量在内心的涌动。现在，我面带微笑，合掌祈祷，愿我能一直与勇气同频，愿自信一直与我同在。

## 小结

- 做 90 分的自己，给孩子自己挣分数的空间。
- 因为理解，所以宽容；因为宽容，所以放下。
- 自信需要储蓄，先有一点自信，它才会变得更多。

第 4 章

# 做家庭的主人，顾好你的小家

如果你是一朵花，才会担心春天离开你；如果你是春天，就没有离开，就永远有花。

## 摘掉有色眼镜，看见美好

你有没有一种体验，那就是当你和先生吵架，或者和孩子闹别扭，结束之后，家这个环境就会显得气压很低，仿佛空气都凝固了？要想家庭美满幸福，最好的方法是让家的场域充满爱和美好的能量。当家里充满了爱和美好时，每个人踏进家门都会获得满满的能量。

家还是那个家，为什么有时让人感觉气压低呢？那是因为每个人的眼睛都自带滤镜，而你对家人**的期待像副有色眼镜，让你无法切实地看见家庭成员的美好**。我举个例子，你带孩子出门参加聚会，朋友夸奖孩子怎么这么懂事、有礼貌，你脱口而出补一句"哎，懂事是挺懂事的，要是学习再上进一点就好了"。

再换一个场景，浏览朋友圈时看到别人的先生又给她买礼物了，你感叹："哎，我先生一点情趣都没有，从来不给我买礼物，这辈子我算是白嫁给他了！"你对孩子、先生以及父母公婆，其实都预设了许多的期待，就拿先生来说，你会希望他最好挣钱多，还要嘴巴甜、会买礼物，等等。如果他有一点不符合你预设的伴侣模型，你可能就会感到失落、沮丧，感觉自己嫁得不好，这种感觉就像一副有色眼镜，遮蔽了你，让你看不到先生身上的美好，比如对你的包容、他的善良，等等。

于是，一家人就会有了这样的生活（见表4-1）。

表 4-1  孩子、妈妈、爸爸的一天

|   | 孩子的一天 | 妈妈的一天 | 爸爸的一天 |
|---|---|---|---|
| 起床时 | 挨骂<br>起床 | 起床<br>骂老公、骂孩子 | 挨骂<br>起床 |
| 吃饭时 | 挨骂<br>吃饭 | 骂老公、骂孩子<br>吃饭 | 挨骂<br>吃饭 |
| 活动时 | 做作业<br>挨骂 | 打扫卫生、骂老公<br>辅导作业、骂孩子 | 看手机<br>挨骂 |
| 吃饭时 | 挨骂<br>吃饭 | 骂老公、骂孩子<br>吃饭 | 挨骂<br>吃饭 |
| 活动时 | 玩游戏<br>挨骂 | 莫名其妙骂老公<br>莫名其妙骂孩子 | 玩手机<br>挨骂 |
| 睡觉时 | 挨骂<br>睡觉 | 骂老公、骂孩子<br>睡觉 | 挨骂<br>睡觉 |

曾有个孩子天真地说："我爱学习，因为我学习让我妈感到快乐。我妈快乐了，我们全家都快乐了。"每个妈妈都身居要职。妈妈好了，全家都好了。

希望通过这一章，我能帮助你摘掉预期这副有色眼镜，重新认识你的先生、你的孩子、你的其他家人；让你看见他们的美好，同时养成将美好传递给他们的习惯，让美好和爱在家的场域里流动。家可以成为美好能量的补给站，而不是消耗自身美好能量的地方。

### 三步走看见美好

要摘掉有色眼镜并看见美好，你可以分三步走。第一步是，发现对方的美好，也就是写下对方 5～10 个优点。这个过程会帮助你看到对方的美好，有时你甚至会惊讶，原来自己忽略了这么多先生的美好，或者孩子的美好。第二步是，理解对方。你要写一下你最不喜欢对方哪一点，然后尝试站在他的角度来看他为什么会这样。在本书第 3 章中，我在"用正念化解你的情绪"里已经教过具体的方法，如何站到对方那一边理解他，如果有需要，你可以再翻回去看一遍，或者再做一遍练习。第三步是，通过语言和行为，让对方感受到你传递的美好。如果你想改变对方，最好不要一上来就直指问题，而是先让对方充满美好的能量。这样，他才有心力去面对自己的问题，才能真正发生改变。

做这三个步骤时，你要尽量注意一点，那就是不要用带负能量的表达方式。**带负能量的表达方式中有两种杀伤力特别大，一个是"虽然，但是"，另一个是"双重负能量"**。第一个是"虽然，但是",其表达可正可负,重点就在于"但是"的内容是什么,"但是"表示强调,它的内容决定了表达的方向是正是负。如果先讲问题,再讲优点,那就是正面的表达,因为这会让对方收到你的肯定;如果先讲优点,再讲问题,则会让对方觉得你前面说的肯定不走心,重点在于你觉得他做得不好。

举个例子,孩子在画画,其实画得挺不符合你的审美,但你觉得还是得鼓励孩子,于是你就说:"宝宝,你的画画得真棒,但是这个色彩呢,要是再浅一点就好了。"孩子听到的是"妈妈觉得我的画色彩不好看"。换一下顺序就是"宝宝,虽然你的色彩深了一些,但是这幅作品传递了你内心的美好,妈妈看得好高兴哦",那孩子听到的就是"也许我还有需要改进的地方,但我的画让妈妈有共鸣,太好了"。

第二个是"双重负能量",最常见的有"不要让妈妈失望""不要浪费时间""不要那么晚睡"。这种表达最大的问题是带有双倍的负能量。"不要"这两个字本身就会刺激"大脑情绪管理器"杏仁核拉响警报——"这是个威胁",然后再紧跟一个负面词,例如"失望""浪费",加强了负能量,更会让对方感到不适。换成正面的说法就会好许多,比如"不要让妈妈失望",你可以换个说法,说"你这么做,妈妈会感到失望"。"不要浪费时间",可以说成"你要珍惜时间,节约出来的时间可以拿来玩"。"不要那么晚睡"可说成"晚睡伤身,尽量早点休息"。降低你表达里的杀伤力,以免对方开启防御系统,不给他机会说"我不要听你的"。

除了充满美好和爱的语言,**你还需要将充满美好和爱的行为传递给他们。最简单的行为就是微笑和肌肤接触**。每天清晨,我都会带着笑容唤醒两个孩子,然后给他们"比心",让他们接收到我发出的爱。每天我都会和孩子、先生来个长时间的拥抱。有时间的话,我还会给孩子做按摩,让他们充分享受肌肤的接触。微笑和肌肤接触本身,都会刺激神经系统分泌令人愉悦的物质,例如催产素和血清素,这些激素对身心都有很好的疗愈效果。

对于本章的内容,我希望你不光看,也跟着练,本书会提供一些小练习。看书能给予你的是我的阅历和知识,然而要把这些东西变成你的,就需要练习。**学习是两个动作,一个是学,一个是习**。我会给大家提供一个模板,希望你能够按照这个模板来练习,可能一开始你会觉得这些话好像有些肉麻,或者怀疑读模板里的话是否有用。我很负责任地告诉你,非常有用。下面这个结论是被应用神经学的研究证实的,我在本书里也反复提到过:活跃的思维模式在大脑里体现为相应的神经环路特别强;不活跃的思维模式体现为其相应的神经环路特别弱。

如果你希望培养自己某种思维模式,你要做的就是不停地通过语言和行为,去改变神经环路,让原本不合理的环路变弱,让你希望养成的习惯对应的神经环路变强。我提供的练习就是帮助你修正你的神经环路,让你能更多地从美好和爱的角度看事情,并且把这种思维通过语言和行为传递给家人,让他们都能拥有这种视角,从而获得身心的自在。

## ⊙ 小练习

### 写下美好语言

想想你的生命中最重要的三个人,写下你想对他们说出的美好语言（鼓励、赞美或是支持都可以）。写完之后，你可以对自己先念一遍，觉得自然了，可以对家人说一遍，会有很多惊喜哦。

以下是我的范例。

今天早上，我给了小女儿早安吻，然后对她"比心"说："你是妈妈的心头肉，妈妈爱你哟。"小女儿一如既往地"比心"回应，然后说："我也爱你哟，妈妈。"我的感受是非常幸福，我认为没有一种幸福能比得上搂着稚嫩孩子的那种心情，其实我比她还需要那个爱的拥抱，这真的是太美好了！感谢小女儿带给我的美好，让我感受到爱的涌动。也愿身边所有人都可以接收到我发出的美好信号！

今天早上，我对儿子说："不管你长多大，妈妈永远爱你，你永远是妈妈的宝宝。"儿子窃喜，过来抱了抱我。我的感受是非常幸福，我认为儿子虽说是"大小孩"，但同样需要妈妈的爱和关注，这样听起来有点肉麻的话会带给他安全感和美好能量。感谢儿子带给我的美好反馈，让我感受到爱的涌动。也愿身边所有人都可以接收到我发出的美好信号！

今天早上爸爸开车送我坐地铁，我对爸爸说："现在有你送我，我在路上都能节约不少时间，真的是太开心了。"爸爸很愉快，我的感受是快乐，爸爸快乐，我也快乐。虽然对爸爸说不出"我爱你"，但依然要让他有存在感，要让他感到我很在乎他。当我给他快乐时，我也幸福满溢。感谢爸爸从小到大带给我的美好，让我感受到爱的涌动。也愿身边所有人都可以接收到我发出的美好信号！

当我用心记录，我发现了这许多美好，这种感觉太美妙了！感谢我此刻的觉察，原来我拥有这么多喜悦瞬间，我感受到了美好能量在内心的涌动。也感谢我的家人，感谢这个美好的世界。

现在，我面带微笑，合掌祈祷，愿我能一直与美好同频，愿幸运一直与我同在，愿包括_____在内的所有有情众生都能接收到我发出的美好信号，与美好同频。

现在你可以在下面写出自己想说的话。

我_____

我的感受是_____

**感谢**_____一直以来带给我的美好，让我感受到爱的涌动。也愿身边所有人都可以接收到我发出的美好信号！

我_____

我的感受是_____

感谢_____一直以来带给我的美好，让我感受到爱的涌动。也愿身边所有人都可以接收到我发出的美好信号！

我曾经_____

_____

_____

我的感受是_____

_____

_____

感谢_____一直以来带给我的美好，让我感受到爱的涌动。也愿身边所有人都可以接收到我发出的美好信号！

当我用心记录，我发现了这许多美好，这种感觉太美妙了！感谢我此刻的觉察，原来我拥有这么多喜悦瞬间，我感受到了美好能量在内心的涌动。也感谢我的家人，感谢这个美好的世界。

现在，我面带微笑，合掌祈祷，愿我能一直与美好同频，愿幸运一直与我同在，愿包括_____在内的所有有情众生都能接收到我发出的美好信号，与美好同频。

## 从心认识你的伴侣，拥有爱情的美好

我们有一次在群里讨论先生，一天之内大家能写出几千条带有埋怨的信息。其中不乏有人说："遇到这种先生就应该离了！"但有趣的是，大家虽然抱怨连连，但好像没有离婚的打算。我有时会想,既然不打算离婚,那除了抱怨,还能做点什么呢?毕竟,夫妻关系影响着你几十年的生活质量,总有这么多需要抱怨的事情,日子也挺难过,对不对?我举个例子,你父母来帮助你带孩子,但他们的生活习惯和你先生不太一样。然后,先生回家说:"你妈又把我的电脑全都收起来了,我找半天也没找到。"这时候,你的"脑回路"可能会启动联想功能:"什么?你回家第一件事不是关心我和孩子,而是关心你的电脑?这不是挑刺吗?哼,我妈辛苦了一天,你回来没句好话,还挑刺?你凭什么挑刺?你爸妈一堆毛病我都没提,你现在还来挑我妈的不是了。"这时候,你已经在发火边缘,先生只要再多说一句,你会立即"原地爆炸":"我妈怎么了?你东西乱放还不让人收拾了?你这么不满让你妈来啊,你妈一堆毛病怎么就没见你有意见?"此时,你先生发现你被"点燃"了,还殃及了他母亲,大概率出现的场景是他也跟着"炸"了,脾气闷一点的可能回你一句"不可理喻",脾气差一点的,你们当天大约就会吵到要离婚了。如果这时候你再加一句"我给你生孩子、带孩子,我为你做这么多事,你就这么欺负我",先生也会觉得自己做得不对,又是气恼,又是羞愧,最后恼和羞一交织,超级大的杀伤力就形成了,这就是我之前提到的"恼羞成怒"。这时候,你会感到绝望,觉得日子过不下去了,很想离婚,又想"为了宝宝,我不能这么不负责任",但又觉得这个男人当不好爸爸,对孩子也是充满愧疚……

这时你要冷静下来,不要去计较这件事里谁对了谁错了,而是要想想为什么会发生这样一件事。其实,最大的问题就是我在第2章讲的,你先生的大脑"出厂设置"可能和你不一样,通常来说，女性的左右脑之间神经元连接更为丰富，所以更可能有强大的联想功能，有时候人们说女性的直觉很准，那可能是因为我们的大脑很容易就把两件不相干的事件连在一起。男性的左右脑之间连接相对少一些，所以他们很难从一件事联想到另一件事，更喜欢就事论事，所以不能理解为什么妻子的思路会从一件事跳到另一件事。许多男性也不知道，女性生完孩子后的内分泌失调可能会引发焦虑。

家庭氛围长时间不和谐，会让焦虑性思考变成习惯。许多先生在找我咨询的时候，都会认为他的妻子自从生完孩子后就变了一个人，变得不可理喻、莫名其妙，他根本无法理解为了一件小事，妻子怎么就生气了。然而，最要命的就是妻子内心一直以为先生是可以理解自己的，所以会把他的不理解翻译成他不成熟、他不爱你，最后得出结论"这日子没法过了"。

所以现在，是时候从心认识你的伴侣了。我希望借助以下这个练习，你能求同存异，转念真正地去欣赏他这个人，去真正地爱上他本人，而不是你对先生这个身份的幻想和执念。当你用充满爱的眼神凝视先生，用充满爱的语气和他说话，他会感受到你的爱。有了这份爱，他也会逐渐求同存异，站到你这一边，真正地看见你，再一次爱上你。

⊙ **小练习**

### 写下与先生在一起的美好

今天的练习是写下过去、现在和未来先生和你一起做的美好事情。其中，未来的部分是你想和先生一起做的美好事情。写完后,也写下你的感受,然后自己读一遍。悄悄地告诉你,要是你读给他听,哪怕他当场的反应是觉得好肉麻,他会相当受用哦。我让我的学员去尝试这一招,屡试不爽。

我先来举一个例子。

现在,我的先生特别顾家,他每次出差都会给我和孩子带礼物,有一次送了我一只手表,他说和他同行的人都顾着给自己买,就他给老婆买,当时他觉得特别骄傲。我的感受是特别感动、特别幸福、特别珍惜。能遇到这样好的先生,是我的福气。感谢先生传递给我的美好,感谢我此刻的觉察,让我感受到美好能量的流动。

未来,我的先生脾气会更好,在我们有不同意见的时候他会更加耐心地听孩子和我的建议,再和我们讨论可以做什么。我相信在我的美好能量带动下,先生在不远的未来就可以做到。感谢先生传递给我的美好,感谢我此刻的觉察,让我感受到美好能量的流动。

最后,我想说,从心去爱上这个要和你过一辈子的男人,你会突然发现,自己其实一直很幸福。

现在你可以写下与先生一起做的美好事情,过去、现在和未来各写三条。

过去,我的先生＿＿＿＿＿＿＿＿＿＿＿＿＿＿＿＿＿＿
＿＿＿＿＿＿＿＿＿＿＿＿＿＿＿＿＿＿＿＿＿＿＿＿＿
＿＿＿＿＿＿＿＿＿＿＿＿＿＿＿＿＿＿＿＿＿＿＿＿＿

我的感受是_____
_____
_____

**感谢先生传递给我的美好**，感谢我此刻的觉察，让我感受到美好能量的流动。

过去，我的先生_____
_____
_____

我的感受是_____
_____
_____

**感谢先生传递给我的美好**，感谢我此刻的觉察，让我感受到美好能量的流动。

过去，我的先生_____
_____
_____

我的感受是_____
_____
_____

**感谢先生传递给我的美好**，感谢我此刻的觉察，让我感受到美好能量的流动。

现在，我的先生_____
_____
_____

我的感受是_____
_____
_____

**感谢先生传递给我的美好**，感谢我此刻的觉察，让我感受到美好能量的流动。

现在，我的先生_____
_____
_____

我的感受是_____
_____
_____

**感谢先生传递给我的美好**，感谢我此刻的觉察，让我感受到美好能量的流动。

现在，我的先生_____
_____
_____

我的感受是_____
_____
_____

**感谢先生传递给我的美好**，感谢我此刻的觉察，让我感受到美好能量的流动。

未来，我的先生_____
_____
_____

**我相信在我的美好能量带动下，先生在不远的未来就可以做到。感谢先生传递给我的美好，感谢我此刻的觉察，让我感受到美好能量的流动。**

未来，我的先生_____
_____
_____

**我相信在我的美好能量带动下，先生在不远的未来就可以做到。感谢先生传递给我的美好，感谢我此刻的觉察，让我感受到美好能量的流动。**

未来，我的先生_____
_____
_____

**我相信在我的美好能量带动下，先生在不远的未来就可以做到。感谢先生传递给我的美好，感谢我此刻的觉察，让我感受到美好能量的流动。**

当我用心记录，我发现我原来拥有如此多的美好和幸福，这种感觉太美妙了！感谢我此刻的觉察，让我感受到了美好能量在内心的涌动。

现在，我面带微笑，合掌祈祷，愿我能一直与美好同频，愿幸运一直与我同在，愿包括_____在内的所有有情众生都能接收到我发出的美好信号，与美好同频。

## 从心认识你的孩子，不做羁绊而做灯塔

许多母亲，喜欢打着"为你好"的旗号，迫使孩子按照母亲的"旨意"来做，令我很心痛，这样做的结果是许多孩子走上叛逆的道路，或者形成了讨好型人格，导致他们在成年之后需要花一些力气才能修正自己的思维。

其实每个母亲都盼着孩子好，并不是存心给孩子造成童年创伤。然而爱之深、责之切，我们经常会发现孩子做得不好的地方，却时常在看到孩子做得好的时候觉得那是理所应当的。有时候我们也知道要正面鼓励孩子，不过造作的鼓励，还不如流露你的真情实感。

纪伯伦写过一首非常著名的诗——《论孩子》，我翻译了其中一部分：

你们的孩子，
其实不是你们的孩子，
乃是宇宙对生命的渴望才诞生的儿女。

他们因你而诞生，
却不是为你而生；
他们虽和你在一起，
却不属于你。
**你能给他们的就是爱，**
**而不是强加你的思想于他们。**
因为他们有自己独立的思想。
**你能庇护他们的身体，**
**却不能庇护他们的灵魂，**
**因为他们的灵魂属于明天，**
**那是你无法企及的明天。**
**你可以拼尽全力，**
**变得像他们一样，**
**却不要让他们变得和你一样。**
**因为生命不该倒退，**
也不该停留在过去。

这部分诗句几乎诠释了父母与子女最完美的关系。为人父母，我们能做的就是给足孩子成长所需要的养分，那些养分并不是各种培训班能提供的，因为**孩子成长所需要的养分简单纯粹，就是爱**。当然，这种爱并不是无条件、无原则的溺爱，而是无条件的信任、尊重和支持。

举个例子，当你让孩子自己决定穿什么衣服时，孩子的决定并不是你希望的，你会怎么做？是给他建议，说你觉得这套更好，甚至强迫他接受这套更好，还是说尊重他的决定，他想怎么穿就怎么穿？我经常会听到老人，甚至妈妈会说"孩子他懂什么呀"。如果你认为他不懂，并且不给他机会去弄懂，那他内心感受到的就是父母对于他的不尊重，甚至认为自己不能期待得到别人的尊重，或者他什么也不懂，必须依靠别人，从而一步步滑入习得性无助。

再举个例子，我带孩子们出门玩，要走的时候孩子不肯走，我问："那再玩几分钟？"孩子拿手比画出 5 分钟，我就掏出手机定时 5 分钟，并给孩子们看，让他们确认是不是 5 分钟，这类事情我从他们 2 岁就开始做，那时候其实孩子连数字也不认识。然后就会有邻居妈妈说："孩子懂什么呀？到时候肯定会哭闹。"到了 5 分钟，闹铃响起来，我会给每个孩子看，表示时间已经到了，我们要回家了。孩子有些迟疑，我紧跟着说"妈妈相信你可以做到的"。于是孩子们都愉快地回家了。也就是说，你给予孩子信任，这种爱的能量是孩子能接收到的，而且他也会把爱回馈给你，同样地，是对你的尊重和支持。除了无条件的信任、尊重和支持，还有很重要的一点，那就是允许孩子自己发展。不要拿他和你，或者和其他小朋友相比，他有自己的成长路径与成长节奏，你去干扰只会让他乱了方寸，失去方向感和对自己生活的掌控感。

举个例子，现在二年级的孩子就开始学习认钟表时间了，其实这种进位方式不是所有二年级孩子都能理解的。有天我看朋友圈，正好看到一个妈妈在朋友圈发火，说孩子怎么这么笨，她教他认钟表时间，教了一个下午都没教会，最后她忍不住发火了。这是因为我们不知道孩子的发育规律，钟表他当然学得会，只是每个孩子智力的发展节奏是不一样的。他没有发展到那个水平，就是不能理解这种进位方式，自然学得很艰难。

而且，现在的学习大多是被动的学习，不是让孩子自己去钻研。我儿子一开始也学不会认钟表时间，后来我干脆告诉他，不要问大人，自己去摸索，实在摸索不清楚，再带着问题来问大人。他摸索了一个小时，然后提了几个问题，结果真的学会了，而且尝到了主动学习的甜头。有时候**面对自己的心头肉，我们难免心态失衡。作为母亲，不要苛求自己在孩子教育上不犯错，更好的做法是，给予他爱的滋养，并且赋予他爱的能量。**

## ⊙ 小练习 ✦

### 写下与孩子在一起的美好

请你写下过去、现在和未来你和孩子一起做的美好事情，也请写下你的感受，然后给孩子读一遍，把这股美好能量传递给你的宝贝。

我先举一个例子。

现在，我的儿子特别体贴。有一天我心情不好，儿子有事没事就来和我说话，希望我能开心起来。我感受到了儿子希望我开心的那种迫切心情，也感受到了他对我的爱和支持，以及他的善良与单纯。我的内心充满了感动，也有作为母亲的自豪感。这种感受太美好了！感谢孩子传递给我的美好，感谢我此刻的觉察，让我感受到美好能量的流动。

未来，我的儿子会更加自信。他可以尽情体验音乐带给他的美好，也愿意去展现音乐的美好。我相信在我的美好能量带动下，他在不远的未来就可以做到。我太喜悦了！感谢孩子传递给我的美好，感谢我此刻的觉察，让我感受到美好能量的流动。

现在你可以写下与孩子一起做的美好事情，过去、现在和未来各写三条。

过去，我的孩子_____

_____

_____

我的感受是_____

_____

_____

**感谢孩子传递给我的美好**，感谢我此刻的觉察，让我感受到美好能量的流动。

过去，我的孩子_____

_____

_____

我的感受是_____

_____

_____

**感谢孩子传递给我的美好**，感谢我此刻的觉察，让我感受到美好能量的流动。

过去，我的孩子_____
_____
_____

我的感受是_____
_____
_____

**感谢孩子传递给我的美好**，感谢我此刻的觉察，让我感受到美好能量的流动。

现在，我的孩子_____
_____
_____

我的感受是_____
_____
_____

**感谢孩子传递给我的美好**，感谢我此刻的觉察，让我感受到美好能量的流动。

现在，我的孩子_____
_____
_____

我的感受是_____
_____
_____

**感谢孩子传递给我的美好**,感谢我此刻的觉察,让我感受到美好能量的流动。

现在,我的孩子_____
_____
_____

我的感受是_____
_____
_____

**感谢孩子传递给我的美好**,感谢我此刻的觉察,让我感受到美好能量的流动。

未来,我的孩子_____
_____
_____

**我相信在我的美好能量带动下,孩子在不远的未来就可以做到。感谢孩子传递给我的美好,感谢我此刻的觉察,让我感受到美好能量的流动。**

未来,我的孩子_____
_____
_____

**我相信在我的美好能量带动下,孩子在不远的未来就可以做到。感谢孩子传递给我的美好,感谢我此刻的觉察,让我感受到**

美好能量的流动。

　　未来，我的孩子＿＿＿＿＿＿＿＿＿＿＿＿＿＿＿＿＿＿＿＿＿＿
＿＿＿＿＿＿＿＿＿＿＿＿＿＿＿＿＿＿＿＿＿＿＿＿＿＿＿＿＿＿＿
＿＿＿＿＿＿＿＿＿＿＿＿＿＿＿＿＿＿＿＿＿＿＿＿＿＿＿＿＿＿＿

　　**我相信在我的美好能量带动下，孩子在不远的未来就可以做到。感谢孩子传递给我的美好，感谢我此刻的觉察，让我感受到美好能量的流动。**

　　**当我用心记录，我发现我原来拥有如此多的美好和幸福，这种感觉太美妙了！感谢我此刻的觉察，让我感受到了美好能量在内心的涌动。**

　　**现在，我面带微笑，合掌祈祷，愿我能一直与美好同频，愿幸运一直与我同在，愿包括＿＿＿＿＿＿在内的所有有情众生都能接收到我发出的美好信号，与美好同频。**

## 从心认识你的父亲，现在换你来爱他

　　有个综艺节目当年红得发紫，我相信你也看过，那就是《爸爸去哪儿》。想一想为什么它能那么火，原因就在于中国太多父亲是"隐形人"，虽然他是爱孩子的，但是他可能不知道该如何表达他的爱。结果就是，在大多数孩子眼里，父亲的角色无足轻重，甚至是隐形的。2020年初新冠病毒肆虐，全民都只能在家"坐月子"时，有个孩子的妈妈要去超市，孩子吵着也要去，妈妈说现在很危险，如果得肺炎，可能就没命了，所以只能妈妈一个人去，孩子不能去。孩子大哭，对妈妈说："这么危险，妈妈不能去，让爸爸去……"想想也是替父亲们心酸。

当你成婚之后，你可能更理解父亲对你的疼爱。都说每个女儿是父亲前世的情人，不论他是如何表达这种感情的，但他一定是最爱你的那个男人，只不过需要一个契机你才能发现。许多父亲都会在婚礼上说一句话，那就是"我把我女儿交给你了"。我结婚之前，我那个一向说话很温和、不喜欢和人起冲突的父亲对我先生狠狠地说："我不会说'把女儿交给你'这句话。凭什么我养了这么大的女儿，结个婚就交给你了？想都别想！"然后他在婚礼上真的没说。我和先生现在结婚快10年，我先生有次趁喝了酒，打趣我父亲，说："现在可以说交给我了吗？"我父亲抿紧嘴，用沉默表达了他的态度。那一刻我百感交集。更有一次，我去参加一个朋友的婚礼，她那个在家一向沉默寡言、参加过战争的硬汉军人父亲，硬是从挽着她的手开始就止不住地哭泣，说到"我把我女儿交给你了"时居然失声痛哭，女婿在台上不知所措，现在想起来这一幕我的眼睛都是湿润的。

那个不会表达的父亲，那个隐形的父亲，那个你不一定和他很亲近的父亲，也许曾经让你失望过、让你伤心过，但你不要怀疑，他是爱你的，只是那种爱藏得太深，有可能连他自己都没有发掘出来。人们都说"养儿方知父母恩"，你已成为父母，应该多少能理解到他的爱了，也是时候让他知道你爱他，并且把你的爱传递给他了。当他收到你传递的美好，相信我，你会收到更多他传回的美好，足以弥补以往所有的缺憾，当未来父母老去时，你也不会有遗憾。

## ⊙ 小练习 ★

### 写下与父亲在一起的美好

写下童年、出嫁前、现在你和父亲一起做过的美好事情以及你对他的期盼,也请写下你的感受,如果可以,读给父亲听。如果你觉得自己做不到当面读给他听,那么你可以把你写的内容发给他看,把这股美好能量传递给他,你也会收获前所未有的美好。

我先做个范例。

在我小时候,父亲有时候会下厨做好吃的给我,他做的糖醋里脊是我最爱的美味佳肴,现在想到我都能闻到那股香味。我的感受是父亲做的菜一定加了爱这味调料,所以才那么好吃,每每想起他看我吃的表情,我就觉得自己被爱包围着,幸福得想拍手,这感觉真的太美好了!感谢父亲传递给我的美好,感谢我此刻的觉察,让我感受到美好能量的流动。

出嫁前,我每次回家洗头都是父亲给我吹头发,那算是我和父亲的一种交流,也是父亲表达他的爱的一种方式。我的感受是拥有过这样全然的爱,我也更有能量把爱和美好带给我的小家,乃至身边一切有缘人。爱意的流动让我感到太幸福了!感谢父亲传递给我的美好,感谢我此刻的觉察,让我感受到美好能量的流动。

未来,我父亲会多花一些时间看书、养花,少花一些时间看手机、打麻将。我相信在我的美好能量带动下,他在不远的未来就可以做到。我真的是太高兴了!感谢父亲传递给我的美好,感谢我此刻的觉察,让我感受到美好能量的流动。

现在你可以写下童年、出嫁前、现在与父亲一起做过的美好事情以及你对他的期盼,各写两条。

童年,我的父亲_____

我的感受是_____

**感谢父亲传递给我的美好**,感谢我此刻的觉察,让我感受到美好能量的流动。

童年,我的父亲_____

我的感受是_____

**感谢父亲传递给我的美好**,感谢我此刻的觉察,让我感受到美好能量的流动。

出嫁前,我的父亲_____
_____
_____

我的感受是_____
_____
_____

**感谢父亲传递给我的美好**,感谢我此刻的觉察,让我感受到美好能量的流动。

出嫁前,我的父亲_____
_____
_____

我的感受是_____
_____
_____

**感谢父亲传递给我的美好**,感谢我此刻的觉察,让我感受到美好能量的流动。

现在,我的父亲_____
_____
_____

我的感受是_____
_____
_____

**感谢父亲传递给我的美好,感谢我此刻的觉察,让我感受到美好能量的流动。**

现在,我的父亲_____

_____

_____

我的感受是_____

_____

_____

**感谢父亲传递给我的美好,感谢我此刻的觉察,让我感受到美好能量的流动。**

未来,我的父亲_____

_____

_____

**我相信在我的美好能量带动下,父亲在不远的未来就可以做到。感谢父亲传递给我的美好,感谢我此刻的觉察,让我感受到美好能量的流动。**

未来,我的父亲_____

_____

_____

**我相信在我的美好能量带动下,父亲在不远的未来就可以做到。感谢父亲传递给我的美好,感谢我此刻的觉察,让我感受到**

美好能量的流动。

当我用心记录，我发现我原来拥有如此多的美好和幸福，这种感觉太美妙了！感谢我此刻的觉察，让我感受到了美好能量在内心的涌动。

现在，我面带微笑，合掌祈祷，愿我能一直与美好同频，愿幸运一直与我同在，愿包括_____在内的所有有情众生都能接收到我发出的美好信号，与美好同频。

## 从心认识你的母亲，做她的精神支柱

母亲是每个孩子童年最重要的角色，小时候你可能信誓旦旦地对母亲说过"我永远都不会离开你"，甚至生怕母亲离开自己。可是，待你长大后，却可能迫不及待地想独立。尤其是你成为母亲之后，你和自己母亲的冲突矛盾莫名就增多了。虽然你依然很爱你的母亲，但每次遇到事情就是控制不住自己的情绪。

这里有两个原因，既有你的原因，也有母亲的原因。

第一个原因是你自己的求补偿心理。什么是求补偿心理呢？就是释放小时候没有完全释放的负面情绪。举个例子，母亲非要你早餐喝牛奶，但你从小就不爱喝牛奶，而且小时候每次不肯喝牛奶，母亲就在旁边一直唠叨，有时还会骂你不识好歹啦，或是想以后变侏儒啦，等等，总之就是逼你喝下。喝下自己不喜欢的东西，内心总是有股怨气的。只不过小时候你得看母亲脸色，不敢发作，这些负面情绪自动就埋藏在你的潜意识里了。现在虽然你都已经当妈妈了，但母亲依然爱在这件事情上唠叨："哎呀，你每天那么辛苦，不喝牛奶，营养怎么跟得上？你呀，从小就不爱喝牛奶，小时候不喝，现在你当妈了还不喝，以后孩子也学着你不喝牛奶，我看你怎么办。"这件事并不大，但你会觉得内心有怨气，不吐不快。母亲虽说有点唠叨，但你真不喝她可能也不会怎么样，然而潜意识里的情绪让你现在就是听不得她的唠叨，觉得你现在终于可以不用忍了，而且还可以把小时候的不快一并发作出来。于是，你就爆发了。母亲可能觉得你小题大做，所以很受伤，觉得你现在看她不顺眼，觉得她这么心疼你，你竟然如此对她。这种情况下，母亲的负面情绪也会激化。下一步就会演变成，你也更加埋怨，想不通为什么她就不能改改脾气，为什么她总是这么自说自话，各种"想不通她为什么"会在你的脑海里此起彼伏。

如果你不去想"想不通她为什么"，而是仔细想想，她和你一样也是凡人，当妈并不会让她封神，所以她注定不完美，注定会有很多缺点。正如你第一次"上岗"做母亲会有许多育儿的困惑，她也一样，所以她可能或多或少在你身上犯过这样那样的错误，也或多或少地给你留下过一些阴影，但她真的不是故意的。

第二个原因，则是母亲的心理其实发生了一些变化，但你可能没有察觉到。人到老年很容易变得敏感，因为**他们担心自己老了，没用了**，所以他们希望自己能得到赞扬，而不是总被指责没有做好。不仅如此，不单婆婆会怕自己的儿子被儿媳妇抢走了，你的父母同样害怕你有了先生忘了娘。在没有先生之前，你是父母的掌上明珠，他们会觉得完整地拥有你。然而，你突然有了自己的小家,紧接着还成了母亲。你忙于新的身份、新的生活,无法面面俱到,但你的母亲不一定能很快习惯你角色的转换,她可能会感觉被你抛下了。她能感觉到你不再属于她,而当她看到你深爱着先生或者孩子的样子,母亲潜意识里会觉得"我女儿不再爱我了,也不再需要我了"。天下哪有母亲可以轻易放下自己的孩子?现在也是母亲的你,一定能明白个中感受。

其实,已经成为母亲的你,如今应该更能理解你的母亲。她曾经是你童年的精神支柱,为你撑起一片天。现在,换作你去做她的精神支柱,为她撑起一片天。当你去仔细回想母亲带给你的美好,原本那些怨气会消失许多。当你能记录下几十条美好,你会更加理解她,虽然现在已经不像小时候那样,可以自然地亲吻,但你至少可以给母亲一个拥抱。

对于和母亲的关系,你应该有很多话想说。那今天,来个小练习,你可以细细回忆一下母亲给过的美好,从你出生到现在的所有美好的记录。提到未来时,你可以描述想跟母亲一起做的某件美好事情。写出来,记得再默念或者读一遍,让感恩和美好的心加持于你,也加持于母亲。

## ⊙ 小练习

**写下与母亲在一起的美好**

请写下童年、出嫁前、现在你和母亲一起做过的美好事情以及你对她的期盼,也请写下你的感受,如果可以,读给母亲听。如果你觉得自己做不到当面读给她听,那么,你可以把你写的内容发给她看,把这股美好能量传递给她,你也会收获前所未有的美好。

我先做个范例。

我小时候,我母亲会带我去图书馆借书,那时候县城的图书馆没有搜索系统,我和她分头细细查看每一行,找我们俩要的书,例如《飘》《巴黎圣母院》,每次找到我们都很兴奋,我的感受是能和母亲分享对于书的喜爱以及读书心得,那种感觉真的是太美妙、太幸福了!这是我一生的宝贵财富。感谢母亲传递给我的美好,感谢我此刻的觉察,让我感受到美好能量的流动。

出嫁前,我每次回家,母亲都会带我去吃好吃的,而且她会告诉我那是她在我回家前发现的好餐厅。我的感受是每当母亲遇到美好,就想要把美好带给我,这就是最伟大的母爱,做她的女儿真是太幸运、太幸福了!我要把这份美好传递出去,让我的孩子接收到这份美好,也让更多母亲接收到这份美好!感谢母亲传递给我的美好,感谢我此刻的觉察,让我感受到美好能量的流动。

未来,我母亲会更加愿意到上海来居住,享受我们对她的照顾。我相信在我的美好能量带动下,母亲在不远的未来就可以做到。感谢母亲传递给我的美好,感谢我此刻的觉察,让我感受到美好能量的流动。

现在你可以写下童年、出嫁前、现在与母亲一起做过的美好事情以及你对她的期盼,各写两条。

童年,我的母亲_____

_____

_____

我的感受是＿＿＿＿＿＿＿＿＿＿＿＿＿＿＿＿＿＿＿＿＿＿＿
＿＿＿＿＿＿＿＿＿＿＿＿＿＿＿＿＿＿＿＿＿＿＿＿＿＿＿
＿＿＿＿＿＿＿＿＿＿＿＿＿＿＿＿＿＿＿＿＿＿＿＿＿＿＿

**感谢母亲传递给我的美好**，感谢我此刻的觉察，让我感受到美好能量的流动。

童年，我的母亲＿＿＿＿＿＿＿＿＿＿＿＿＿＿＿＿＿＿＿
＿＿＿＿＿＿＿＿＿＿＿＿＿＿＿＿＿＿＿＿＿＿＿＿＿＿＿
＿＿＿＿＿＿＿＿＿＿＿＿＿＿＿＿＿＿＿＿＿＿＿＿＿＿＿

我的感受是＿＿＿＿＿＿＿＿＿＿＿＿＿＿＿＿＿＿＿＿＿＿＿
＿＿＿＿＿＿＿＿＿＿＿＿＿＿＿＿＿＿＿＿＿＿＿＿＿＿＿
＿＿＿＿＿＿＿＿＿＿＿＿＿＿＿＿＿＿＿＿＿＿＿＿＿＿＿

**感谢母亲传递给我的美好**，感谢我此刻的觉察，让我感受到美好能量的流动。

出嫁前，我的母亲＿＿＿＿＿＿＿＿＿＿＿＿＿＿＿＿＿＿
＿＿＿＿＿＿＿＿＿＿＿＿＿＿＿＿＿＿＿＿＿＿＿＿＿＿＿
＿＿＿＿＿＿＿＿＿＿＿＿＿＿＿＿＿＿＿＿＿＿＿＿＿＿＿

我的感受是＿＿＿＿＿＿＿＿＿＿＿＿＿＿＿＿＿＿＿＿＿＿＿
＿＿＿＿＿＿＿＿＿＿＿＿＿＿＿＿＿＿＿＿＿＿＿＿＿＿＿
＿＿＿＿＿＿＿＿＿＿＿＿＿＿＿＿＿＿＿＿＿＿＿＿＿＿＿

**感谢母亲传递给我的美好**，感谢我此刻的觉察，让我感受到美好能量的流动。

# 第 4 章
## 做家庭的主人，顾好你的小家

出嫁前，我的母亲_____
_____
_____

我的感受是_____
_____
_____

**感谢母亲传递给我的美好**，感谢我此刻的觉察，让我感受到美好能量的流动。

现在，我的母亲_____
_____
_____

我的感受是_____
_____
_____

**感谢母亲传递给我的美好**，感谢我此刻的觉察，让我感受到美好能量的流动。

现在，我的母亲_____
_____
_____

我的感受是_____
_____
_____

感谢母亲传递给我的美好,感谢我此刻的觉察,让我感受到美好能量的流动。

未来,我的母亲_____
_____
_____

我相信在我的美好能量带动下,母亲在不远的未来就可以做到。感谢母亲传递给我的美好,感谢我此刻的觉察,让我感受到美好能量的流动。

未来,我的母亲_____
_____
_____

我相信在我的美好能量带动下,母亲在不远的未来就可以做到。感谢母亲传递给我的美好,感谢我此刻的觉察,让我感受到美好能量的流动。

当我用心记录,我发现我原来拥有如此多的美好和幸福,这种感觉太美妙了!感谢我此刻的觉察,让我感受到了美好能量在内心的涌动。

现在,我面带微笑,合掌祈祷,愿我能一直与美好同频,愿幸运一直与我同在,愿包括_____在内的所有有情众生都能接收到我发出的美好信号,与美好同频。

## 从心认识你的婆婆,不做天敌做同盟

我有一门课,叫作《让你的心坐个月子》。这门课在内测的时候,还没讲到婆婆版块,光是预告有这么一个版块,各种吐槽就已经此起彼伏。有一些妈妈觉得,自己的婆婆管太多,管太宽;也有一些妈妈埋怨婆婆完全不想来帮忙。我挺有感慨的,毕竟未来我也是要做婆婆的人,看来婆婆确实不好当,出力不出力都可能不讨好。当然,我也同时是儿媳妇,说真话,妈妈们也并不是什么恶媳妇,故意刁难婆婆,那为什么婆媳之间总感觉像天敌一样呢?心理学有个词叫作应激反应,是指你面对一些事情会本能地做出反应,并且存留在你的潜意识里,让你下一次遇到类似情况时做出同样的反应。我之前说的戴着有色眼镜看人,这副有色眼镜背后就储存着潜意识里的应激反应。

为什么你面对婆婆,或者你婆婆面对你时,会有应激反应呢?首先,婆媳相处不愉快已经成了人们心中的刻板印象,你光是面对婆婆,大脑里的杏仁核就已经在下令分泌皮质醇,提醒你,这是个威胁;其次,月子期间,你的大脑很没有安全感,因为这样你才能警惕身边一切危险,保护你的孩子,以免孩子被别人抢走,或者受到伤害。任何疑似会让孩子被抢走、被伤害的风吹草动,都会让你的大脑拉响警报。你会渴望有人给你安全感,这个人通常是你的先生。所以,任何让你觉得可能失去先生保护的蛛丝马迹,也会让你的大脑拉响警报。这期间如果出现婆媳矛盾,你的潜意识会更加断定,你婆婆是个威胁。

于是,当你的婆婆来照顾月子期间的你和孩子时,如果她希望你在照顾孩子方面能听她的,你的大脑很可能就会开始拉响警报,因为你的潜意识里觉得孩子有被抢走的风险。这时候她的一举一动都会被放大,原本你觉得没什么的举动现在可能会令你反感,而原本你觉得能忍受的一些举动,此时就会直接激怒你。更要命的是如果先生此刻拼命维护自己的妈,完了,你大脑的警报就更是响个不停,因为潜意识里,你唯一的那点安全感被夺走了。

总之,你有时候并不清楚为什么会这样,然而潜意识就指挥着你一步步和婆婆闹僵,最后就发展成了争吵,关系破裂。想要解决和婆婆的矛盾,你首先要意识到,很多你对婆婆的看不惯、不喜欢,来源于你潜意识发出的警报。当你意识到这一点,你的潜意识就不再能控制你了,你会在面对婆婆的时候更加心平气和。

### 不止潜意识惹的祸

当然,潜意识里的想法是深层次的原因,你不喜欢婆婆可能还有一个浅层次的原因,那就是你们对彼此的预期不一致。

每个人都是各自生命的导演,并且对生命中共处的人设定了一个剧本,可能**在你的剧本里,婆婆应该体贴媳妇**,婆婆应该在育儿方面多听小辈的,婆婆应该少说多做,等等。但与此同时,**在你婆婆的剧本里,媳妇必须对婆婆言听计从**,媳妇就得把孩子和她儿子照顾好,等等。然而,你们从来没有对过各自的剧本,理所当然地认为对方应该按你准备的剧本来演,所以,一入戏,你会觉得,婆婆怎么可以这么说话?婆婆也不开心了,她会觉得媳妇怎么敢对她发火,剧本里怎么能有不尊重她的戏出现?矛盾就这样产生了。

请理性地看待这个问题,最好的解决办法就是,当你在想她应该怎么做的时候,就问问自己:"她知道她应该这么做吗?这件事是不是你一厢情愿给她编排的角色,她其实不知道,甚至她准备的剧本完全是另外一回事?而且,她为什么应该像你设想的那样做?"当你这么问的时候,你也许就能放下那些所谓的"她应该",然后更理性地去看眼下究竟发生了什么矛盾,可以怎么解决。

举个例子,生完孩子最初两周,你的奶可能不够。婆婆在一旁帮忙,看孩子那么费力地吸很久也没吸饱,一会儿又哭了,你又要喂。婆婆就发话了:"还是加点奶粉吧,别让孩子这么吃力还吃不饱,没奶让孩子空吸什么?"这种话,你听了就很难过,觉得她应该鼓励你亲自喂才对,怎么能在旁边说风凉话?然而,你如果问婆婆她是怎么想的,她可能会说,她此刻关心的是自己的孙子能不能吃饱,吃得累不累。你需要去了解她的剧本,而不要去评判剧本的高下对错,不要去指责她只顾孙子、不关心你,这些评判与指责对化解矛盾并没有帮助。请你想想,你们产生矛盾的点究竟在哪里。理性地看,就在于孩子的这口奶。你要坚持母乳喂养,那一定有个过程,在这个过程中,你的婆婆一定会很焦虑,她的解决方案可能是想办法说服你放弃母乳喂养;如果你要继续坚持母乳喂养,你的解决方案就只能是在别人反馈的基础上你可以做什么。

具体可以做什么呢?你可以和善而坚定地告诉婆婆:"开奶有个过程,不要急。"你最好不要做什么呢?你最好不要冲她吼:"你懂什么?不懂就别乱发表意见!"因为这样做,除了引起婆婆不满，让你们矛盾升级，还会让你更生气，甚至气得你回奶，对你的母乳喂养没有任何帮助。当然，你也可以放轻松，如果你没有那么在乎母乳喂养，也可以听婆婆的，偶尔加一点奶粉，不把自己逼得太紧。这里最重要的一点，就是不去评判对方对错好坏，而是去理解一下，她为什么这么做。如果你恰好生的是儿子，那你可以像我一样，尝试站在婆婆的角度，给你未来的儿媳妇写一封信，写完后可能你内心所有的疙瘩就解开了。我希望能借助这封信帮助你去理解婆婆，甚至和她实现美好的同频共振。

### 给未来儿媳妇的一封信

亲爱的儿媳妇，我现在要来照顾你的孩子，其实内心也很忐忑，虽然这里有我很爱的儿子还有孙辈，但这个家真的是我的家吗？我其实有寄人篱下的感觉，尤其是当你说我没有做这个或者不会做那个的时候，我真的很不开心，我有那么没用吗？我明明一番好意来帮你带孩子，怎么反而落了这么多不是？我为什么要来讨这个没趣？

不过，我认真地问了自己一个问题："如果同样的话，不是你说的，是我儿子说，我会这么生气吗？"我突然发现，我不会。那么，为什么你说就这么让我受不了呢？我仔细想了想，这应该是因为我心里有个假设，假设媳妇就爱挑婆婆的毛病，所以当你说那些话时，我会自动地认为你在针对我，看我不顺眼，所以我很在乎，很容易生气。以后你再和我说建议时，我会提醒自己，你只是给我建议，不是在针对我。当然，如果你能更委婉一点就更好了。

亲爱的儿媳妇，我想和你讲一个故事，我儿子，也就是你的先生,当他很小的时候,他搂着我,对我说:"妈妈,我会永远和你在一起的,我永远不会离开你。"当时,我笑着说:"不可能的,你以后娶了媳妇就离开妈妈了。"但我得承认,我当时虽然这么说,却并没有真的做好准备。这一天,才一转眼就到了。在我心里,他一直就是那个搂着我说不要和我分开的小男孩,只是长得高大了些,我得承认我的心理准备做得不够。

当然,我也知道,他现在确实不是那个小男孩了,他已经是你的先生了,你们孩子的爸爸,我知道你对他的期许是要做个负责任、顾家、爱孩子的好先生,正如我当年对我先生的期许一样,而他如何做个好先生、好爸爸,这件事不属于我管的范围,我会尽量不掺和你们对家庭事务的讨论,不去评论你们矛盾的对错,并且尽量让你们有一些二人世界的时间。总之,你们的小家庭你们自己做主。

亲爱的儿媳妇,我对我的孙辈又爱又怕。当妈妈的人,大概人生中最幸福的时光就是妈妈还年轻,孩子还年幼。但是,距我上一次可以这么亲近一个小宝宝已经过了几十年,我真的太爱这个小东西了,我想把我所有的爱都给他。尤其是你先生小的时候,我对他还挺严厉,甚至揍过他,如今我想把欠他的全部还给你的小天使,我不忍心让他受一点苦,真的,一点也不行。

然而,我又是如此的矛盾,小宝宝是你的孩子,不是我的孩子,你把他交给我,这个责任太大了,而他又那么小、那么脆弱,我很怕自己一有疏忽,会不小心伤到他,到时候我该如何向你交代?我很有压力,所以也就比较紧张,容易生气。毕竟,我和你一样,都是女人,一紧张,情绪就容易波动。我想,我会尽量不为孩子的事情和你争执,毕竟你是孩子的母亲,孩子的事情你做主，这样万一有什么问题，我也不必有那么大压力。

亲爱的儿媳妇，我承认，我对你没有对我儿子那么好，正如你可能也没办法对我像对你母亲那样好。这是人之常情，我们都必须正视这个事实，我不会要求你像对自己母亲那样对我，因为我没有像你母亲那样投入地爱你、为你付出，所以我没有理由要求你这样做；当然，也请你理解，我可能做不到像对儿子那样对你，因为我们认识的时间并不长，感情基础没有那么深厚。我们一起正视这一点是好事，这样我可以放低对你的要求，你也不用总是比较、衡量我的一举一动。放低彼此的预期，也许我们可以相处得很好。

写完这封信，我突然就更加理解我的婆婆了，我知道她只是习惯了在家里做女主人，不习惯家里突然"改朝换代"，所以她会有许多过激的反应。因为这份理解，我不再觉得我们是对立的，转而开始肯定她，感谢她，给她买礼物、过生日，我们的关系慢慢转好了。

如果你觉得写信太花时间，也可以换种方式，去细数一下婆婆给你的美好。当提到未来时，你可以描述希望婆婆能做到的某件美好事情，以及你可以为她做的美好事情。写出来，记得再默念或者出声读一遍，让感恩和美好的心加持于你，也加持于你的婆婆。

⊙ 小练习 ★

**写下与婆婆在一起的美好**

写下过去、现在和未来与婆婆在一起的美好，再加上两件你现在和未来可以传递给她的美好，也请写下你的感受，如果可以，读给婆婆听。如果你觉得自己做不到读给她听，那么，你可以把你写的内容发给她看，把这股美好能量传递给她，你也会收获前所未有的美好。

我先做个范例。

过去，婆婆为了让我在她家过得舒服，特地买了她自己都不舍得买的睡袍。我的感受是体验到了一份真切的爱和善意，这是我应该珍惜的一份爱，我也应该珍惜和婆婆相处的缘分，有这样的婆婆实在是我的幸运！感谢婆婆传递给我的美好，感谢我此刻的觉察，让我感受到美好能量的流动。

现在，婆婆经常做了好吃的就会送到我们家来，知道我爱吃酱萝卜，特地做了一大罐送来。我的感受是婆婆在很努力地照顾我们，也在努力做个好婆婆。对于这一点我充满感激，觉得婆婆带给我太多美好了，我希望能把这些美好传递出去，希望未来待我做婆婆时，也能做个好婆婆。感谢婆婆传递给我的美好，感谢我此刻的觉察，让我感受到美好能量的流动。

现在，我会主动关心婆婆，当她给我发来各种保养知识的链接时，我会及时地回应她、谢谢她，让她能感受到自己的价值。我的感受是让她开心我也特别开心，爱和善意不必分对象，我也可以对她好。感谢我此刻的觉察，让我感受到美好能量的流动。

现在你可以写下过去、现在和未来与婆婆在一起的美好，各写两条，然后再写下两条你可以传递给她的美好。

过去，我的婆婆_____
_____
_____

我的感受是_____
_____
_____

**感谢婆婆传递给我的美好**，感谢我此刻的觉察，让我感受到美好能量的流动。

过去，我的婆婆_____
_____
_____

我的感受是_____
_____
_____

**感谢婆婆传递给我的美好**，感谢我此刻的觉察，让我感受到美好能量的流动。

现在，我的婆婆_____
_____
_____

我的感受是_____
_____
_____

**感谢婆婆传递给我的美好**,感谢我此刻的觉察,让我感受到美好能量的流动。

现在,我的婆婆_____
_____
_____

我的感受是_____
_____
_____

**感谢婆婆传递给我的美好**,感谢我此刻的觉察,让我感受到美好能量的流动。

未来,我的婆婆_____
_____
_____

我相信在我的美好能量带动下,婆婆在不远的未来就可以做到。感谢婆婆传递给我的美好,感谢我此刻的觉察,让我感受到美好能量的流动。

未来,我的婆婆_____
_____
_____

我相信在我的美好能量带动下,婆婆在不远的未来就可以做到。感谢婆婆传递给我的美好,感谢我此刻的觉察,让我感受到美好能量的流动。

现在，我会＿＿＿＿＿＿＿＿＿＿＿＿＿＿＿＿＿＿＿＿＿
＿＿＿＿＿＿＿＿＿＿＿＿＿＿＿＿＿＿＿＿＿＿＿＿＿

我的感受是＿＿＿＿＿＿＿＿＿＿＿＿＿＿＿＿＿＿＿＿
＿＿＿＿＿＿＿＿＿＿＿＿＿＿＿＿＿＿＿＿＿＿＿＿＿

感谢传递美好的我自己，感谢我此刻的觉察，让我感受到美好能量的流动。

未来，我会＿＿＿＿＿＿＿＿＿＿＿＿＿＿＿＿＿＿＿＿
＿＿＿＿＿＿＿＿＿＿＿＿＿＿＿＿＿＿＿＿＿＿＿＿＿

我的感受是＿＿＿＿＿＿＿＿＿＿＿＿＿＿＿＿＿＿＿＿
＿＿＿＿＿＿＿＿＿＿＿＿＿＿＿＿＿＿＿＿＿＿＿＿＿

感谢传递美好的我自己，感谢我此刻的觉察，让我感受到美好能量的流动。

当我用心记录，我发现我原来拥有如此多的美好和幸福，这种感觉太美妙了！感谢我此刻的觉察，让我感受到了美好能量在内心的涌动。

现在，我面带微笑，合掌祈祷，愿我能一直与美好同频，愿幸运一直与我同在，愿包括_____在内的所有有情众生都能接收到我发出的美好信号，与美好同频。

## 建立生活女主角的金字塔模型

在《赖声川的创意学》里，他提出了一个创意金字塔模型，并且把生活和艺术放在金字塔的两边。在这个模型里，金字塔上方要从底部汲取泉源的养分，中间还有许多的考验和障碍。在赖声川老师看来，创意学习主要的工作就是清理金字塔内部，打通上下，让创意在金字塔内顺畅地流通。这给了我巨大的启发。

我们每个人的行为模式都呈完美的金字塔形，分为五层，从下到上分别是能量源泉、价值观、思维模式、行为，再到语言（见图4-1）。作为生活的大女主，我也期待，你能构建一个自己的美好能量金字塔模型。

图 4-1　行为模式的金字塔

在塔的底层，是各种能量源泉，这些能量源泉在我们内心深处，它超越了个体，储存着各种原始、深奥的集体智慧。我们有时候说的第六感、潜意识，或者说突如其来的灵感，就来自这个能量源泉。在不同的智慧体系，它有不一样的名称，比如心理学称之为"集体无意识"，佛教称之为"佛性"，而基督教称之为"上帝"，我个人颇感兴趣的基因进化学则称之为"最原始的共同基因"㊀。大部分人都不知道自己拥有这样的宝藏，而有些人知道并且很早就运用了这个宝藏，你能不能发现它，能不能开启它，就在于上面这几层和源泉之间是否有屏障，以及屏障有多厚。所以，你会看到我在本书许多小练习里都设置了一项"我的感受是"，这是为了提醒你去表达感受，因为表达感受本身就是在自上而下去打破屏障。当屏障打通了，你就能自如地汲取自己内在的能量，同时你也能更轻松地从外部获取能量，这时候，你的能量状态会持续处于上升的状态。

在能量源泉之上，是我们的价值观，也可以说是我们的人生哲学，这些哲学有相当部分就源自那些能量源泉。在人生哲学之上，是我们的思维模式，是我们世界观、价值观、人生观的体现，也是我们智慧的显现。在思维模式之上，是我们的行为，行为就是思维的直接体现，它和语言都受制于思维模式，但也可以"倒逼"思维模式发生改变。这是特别妙的一点，因为这让你体内的能量得以流动，让每个人都有机会变得更好，而不是从生下来就被固定成某个模式，没有了变好的机会。

那你怎么才能打破这个屏障呢？你可以审视自己，从价值观到思维，再到行为、语言，审视这些是不是美好的，当每一层都

---

㊀ 见《赖声川的创意学》。

趋近于美好，甚至和美好同频共振时，你的整个能量就打通了。什么可以被定义为美好呢？美好有许多种，最接近底层的就是利他。因为万物都无法孤立地存在于这个世界，只有相互依靠，为彼此创造价值，才能生存。你看春天花开了，于是蜜蜂飞来吸花蜜，身上沾满花粉，飞过一朵又一朵，因为它的到来，于是花朵完成了授粉，从而孕育出果实。鸟把果实吃掉后离开，排泄粪便时就把种子带到了别的地方，于是这种植物就有了更多延续基因的机会。你看，这些动物的行为看似无意，只是为了自己的生存，然而最终都对其他生物有所帮助。

所以，利他刻在所有生物的基因里，当你帮助别人，或者为别人创造价值时，你的大脑就会分泌令你感到幸福的激素。帮助他人可以带来美好并不是什么玄学，这是万事万物的本质，是你能拥有的最大的美好能量源泉。前面的小练习就是自上而下帮助你趋近于美好，这也是比较容易的"打通方式"。但是越到金字塔的下层，就越难调整。

举个例子，当你还不习惯利他的价值观时，我上来就说人要利他、要感恩，哪怕你相信了，也很难立即做到。但如果你先简单地用语言说"谢谢"，再用语言具体地表达感恩之心，然后为家人、为同事、为身边其他的人做一些事，这就会潜移默化地改变你，同时你也能感受到那股能量，亲身感受到了利他的美好，思维模式在语言和行为的带动下开始转变，反过来又会推动语言和行为往美好的方向靠拢。

在整章的最后，我想用一个小练习来结尾，那就是记录过去、现在和未来总共九个利他的行为。非常期待你能认真地写，这些都将成为你美好能量的源泉。

## ⊙ 小练习

### 写下利他行为

我先举个例子。

过去,我和先生去菜场,看到有人在卖活青蛙,觉得特别可怜,就买下来带去放生。没想到这只青蛙还是母青蛙,它一路都在产子,等我们把它放进河里时发现袋子里全是它甩的子。当时我的感受是幸好救了它,顺便还救下了这么多小蝌蚪,拯救了这么多生命让我太喜悦了!每每想到那个场景,我的内心都会有满满的喜悦。感谢我能看见利他的能量,感谢我此刻的觉察,让我感受到美好的涌动,也愿身边所有人都可以接收到我发出的美好信号!

现在,我每天开车都会特别注意斑马线上有没有行人,如果有就尽早把车停下,让对方先走我再启动。我的感受是能让行人更从容地过马路是一件特别开心的事情,同时也能为他带去善念,让他未来也能传递善意,这就更加美好了!感谢我能看见利他的能量,感谢我此刻的觉察,让我感受到美好的涌动,也愿身边所有人都可以接收到我发出的美好信号!

未来,我希望我在帮助别人时可以放下求回报的心,不以别人的反应来判断我要不要付出,而是发自内心愿意无条件地帮助别人!我的感受是当我真正做到的时候,我的内心一定充满了美好和幸福,这种能量的状态更稳固、更强大,我很期待那一刻

第 4 章　做家庭的主人，顾好你的小家

的来临！感谢我能看见利他的能量，感谢我此刻的觉察，让我感受到美好的涌动，也愿身边所有人都可以接收到我发出的美好信号！

现在你可以写下九条利他行为，现在、过去和未来各写三条。

过去，我＿＿＿＿＿＿＿＿＿＿＿＿＿＿＿＿＿＿＿＿＿＿＿＿＿＿＿
＿＿＿＿＿＿＿＿＿＿＿＿＿＿＿＿＿＿＿＿＿＿＿＿＿＿＿＿＿＿＿＿
＿＿＿＿＿＿＿＿＿＿＿＿＿＿＿＿＿＿＿＿＿＿＿＿＿＿＿＿＿＿＿＿

我的感受是＿＿＿＿＿＿＿＿＿＿＿＿＿＿＿＿＿＿＿＿＿＿＿＿＿
＿＿＿＿＿＿＿＿＿＿＿＿＿＿＿＿＿＿＿＿＿＿＿＿＿＿＿＿＿＿＿＿
＿＿＿＿＿＿＿＿＿＿＿＿＿＿＿＿＿＿＿＿＿＿＿＿＿＿＿＿＿＿＿＿

**感谢我能看见利他的能量，感谢我此刻的觉察，让我感受到美好的涌动，也愿身边所有人都可以接收到我发出的美好信号！**

过去，我＿＿＿＿＿＿＿＿＿＿＿＿＿＿＿＿＿＿＿＿＿＿＿＿＿＿＿
＿＿＿＿＿＿＿＿＿＿＿＿＿＿＿＿＿＿＿＿＿＿＿＿＿＿＿＿＿＿＿＿
＿＿＿＿＿＿＿＿＿＿＿＿＿＿＿＿＿＿＿＿＿＿＿＿＿＿＿＿＿＿＿＿

我的感受是＿＿＿＿＿＿＿＿＿＿＿＿＿＿＿＿＿＿＿＿＿＿＿＿＿
＿＿＿＿＿＿＿＿＿＿＿＿＿＿＿＿＿＿＿＿＿＿＿＿＿＿＿＿＿＿＿＿
＿＿＿＿＿＿＿＿＿＿＿＿＿＿＿＿＿＿＿＿＿＿＿＿＿＿＿＿＿＿＿＿

**感谢我能看见利他的能量，感谢我此刻的觉察，让我感受到美好的涌动，也愿身边所有人都可以接收到我发出的美好信号！**

过去，我_____
_____
_____

我的感受是_____
_____
_____

**感谢我能看见利他的能量，感谢我此刻的觉察，让我感受到美好的涌动，也愿身边所有人都可以接收到我发出的美好信号！**

现在，我_____
_____
_____

我的感受是_____
_____
_____

**感谢我能看见利他的能量，感谢我此刻的觉察，让我感受到美好的涌动，也愿身边所有人都可以接收到我发出的美好信号！**

现在，我_____
_____
_____

我的感受是_____
_____
_____

**感谢我能看见利他的能量,感谢我此刻的觉察,让我感受到美好的涌动,也愿身边所有人都可以接收到我发出的美好信号!**

现在,我_____

_____

_____

我的感受是_____

_____

_____

**感谢我能看见利他的能量,感谢我此刻的觉察,让我感受到美好的涌动,也愿身边所有人都可以接收到我发出的美好信号!**

未来,我_____

_____

_____

我的感受是_____

_____

_____

**感谢我能看见利他的能量,感谢我此刻的觉察,让我感受到美好的涌动,也愿身边所有人都可以接收到我发出的美好信号!**

未来,我_____

_____

_____

我的感受是_____
_____
_____

**感谢我能看见利他的能量，感谢我此刻的觉察，让我感受到美好的涌动，也愿身边所有人都可以接收到我发出的美好信号！**

未来，我_____
_____
_____

我的感受是_____
_____
_____

**感谢我能看见利他的能量，感谢我此刻的觉察，让我感受到美好的涌动，也愿身边所有人都可以接收到我发出的美好信号！**

当我用心记录，我发现我原来拥有如此大的美好能量，可以为这个世界创造许多美好！感谢我此刻的觉察，让我感受到了美好能量在内心的涌动。

现在，我面带微笑，合掌祈祷，愿我能一直与美好同频，愿幸运一直与我同在，愿所有有情众生都能接收到我发出的美好信号，与美好同频。

## 小 结

- 摘下"预期"这副有色眼镜,你才能真正看见你的家人。
- 多向你的家人表达美好,让美好在你的小家流动起来。
- 利他是万物生存的基础,为别人创造价值,受益者最终一定是你。

第 5 章

# 实现自我价值

尼采说:"知道为什么而活的人,便能生存。"愿你点亮自己,照亮他人。

## 万能思维公式,你独立的起点

在第 2 章"放下对错,它才不是你的真爱"中,我讲过面对事情时,应该想目标、看问题、找解决方案,而不是去论对错。我们会纠结对错,源自一种思维模式,那就是固定型思维。

### 成长型思维与固定型思维

卡罗尔·德韦克(Carol Dweck)是学习动机研究领域的全球领先者,现任斯坦福大学心理学教授,她最重要的研究成果就是提出了固定型思维和成长型思维,她本人也凭借这一研究成果在 2017 年获得了全球奖金最高的教育奖"一丹奖"。在她的著作《终身成长》里,她分析了人们行为和想法的不同,源自思维模式的不同,即成长型思维和固定型思维。其中,拥有固定型思维的人认为聪明由天定,所以希望表现得聪明,而且把日常生活的点点滴滴都当成证明自己的方式,仿佛每件事都是一场评判个人水平高低的考试,遇到的每个人都仿佛是严苛的考官。对错在其生活中是一件很重要的事,他需要不停地证明自己,确保自己是对的,仿佛对的才是聪明的,聪明的才是安全的。具有成长型思维的人认为聪明才智是后天积累起来的,所以他们更在乎人生体验,以及在每次体验中收获了什么。具有成长型思维的人更喜欢挑战,因为他们的成就感来自每一次的成长和收获,不像固定型思维的人,其成就感更多来自别人的崇拜和肯定。

显而易见,如果具备成长型思维,你的情绪会更稳定,收获的幸福也会更多。你现在理解了思维模式对于行为有何影响,我希望你能逐步放下对错,进而不怕犯错,然后再进阶为坦然面对错误,并且从错误中学习。

怕犯错的行为表现多种多样,但是这种思维模式可能埋藏在你的潜意识里,让你意识不到有些行为是怕犯错思维的外在表现。我总结了三种比较隐蔽的表现。

**第一种怕犯错思维的外在表现是喜欢做测试**。我是《终身成长》的拥趸,几乎会向见到的每个人推荐这本书,尤其是全职妈妈。但很有趣的是,当我推荐的时候,每个人反应都不一样,有不少人会对我说,他们要去看看自己是成长型还是固定型。其实,这么说的人，其思维模式就是固定型的，他们把这本书当成算命的书了，希望通过这本书证明自己在思维模式上比别人优越，而且可能会觉得思维模式是注定的。他们可能没有意识到，我推荐读这本书的目的是帮助他们提升成长型思维。当然，如果你也有同样的反应，不要沮丧，成长型思维理论的核心观点是认为人是可以改变的，所以你每次发现自己的不足，都不是在否定自己，而是在帮助自己去提升、去成长。说回我前面举的例子，其实这种表现非常普遍，我们身边许多人在做事情时，都喜欢问天、问人、问测试。换句话说，他们总希望有人来肯定自己一把，仿佛这样，万一错了就不需要自己担责。比如热衷各种星座测试的人，有时候我会想，难道自己是怎样的人，他们都不清楚吗？为什么还需要一个测试来告诉自己？其实，这背后的诉求是，他们希望借由别人来肯定自己的优点，也同时为他们某些缺点和缺陷找到一种借口，例如事情不顺怪"水逆"，事没做成是因为算命的早说过做不成。这样说，这个错误就好像不是他们犯的了，而是客观原因造成的，他们经常会抱怨"我原本可以怎么样的"，或者是"要不是怎么样，我早就怎么样了"，似乎总是造化弄人。**经常这么做的后果是，每件事都有做不成的借口，人却无法在失败或者错误中识别出成长的机会。**

古人很早就强调成长型思维。著名的《了凡四训》就是成长型思维的鼻祖，这是一位父亲为了教导孩子写的家训。这位父亲名叫袁了凡，他是一位明朝官员。袁了凡在很小的时候算过一次命，算命先生说的一一应验，他开始随遇而安，觉得一切都是命中注定，包括他可能会过早离世等，所以无须努力，努力也没用。

了凡先生表现出对世间事非常超脱。有次他遇见一位禅师，禅师见他禅定功夫了得，以为遇到了高人，一问才发现是因为了凡先生觉得不可能改变自己的命运，不如随遇而安。于是禅师告诉他，每个人确实有与生俱来的天命，但这不代表个人无法改变自己的命数。每个人的命运都是可以靠自己改写的。了凡先生按照禅师说的做，最后活得比算命先生说的要久，还成就了许多他原本以为做不到的事情，于是他把自己的经历写成家训，留给自己的孩子。所以，不要太迷信各种测试，你要相信自己。

**第二种怕犯错思维的外在表现比较明显，那就是不喜欢被否定，而且害怕被他人否定。** 例如和先生吵架、有矛盾的时候，妻子比较容易脱口而出："不过了！离婚！"包括我自己，当年也时不时冒出离婚的念头。可是，有一天回头看那段经历，我突然想到一些很有趣的问题："女人为什么有离婚的勇气，却没有修复感情的勇气呢？为什么我们就那么有把握，换一个男人就能解决问题？"说到底，这背后还是我们不想承认自己错了，潜意识里会觉得离了再找一个，就可以开始新的生活，毕竟离婚的原因是我们没有遇到对的人。如果我们不怕被否定，不怕承认自己的错误，就会发现夫妻关系出现问题并不是一个人的问题，至少当我回过头看当年，发现自己有许多做得不好的地方，有时候反而会觉得我先生也挺憋屈的。是什么阻碍了我们直面问题呢？就是在潜意识里，我们不想面对否定，不想承认自己有问题，我们不够自信，不相信自己可以从错误里学习，而是把每一个错误都当成对自己的一次否定。

所以说，你人生的剧情会怎么展开，就藏在你的思维模式里。

很在意别人的态度,总担心被别人否定,希望自己时时刻刻看起来都是个聪明人,那你可能会活得很辛苦,同时也会失去很多机会。如果你能以开放的心态去拥抱不同的观点、意见,甚至把这些不同的意见利用起来,你人生的路就会越走越宽。**这个世界上没有人能否定你,如果有,那许可证一定是你自己发的**。不过,值得注意的是,在你担心被否定时,很少能立即就生起"我要成长"这种正面念头。通常第一个念头就是沮丧,觉得被否定很糟糕,怀疑自己的决定是否正确,担心自己看起来很蠢,或者愤怒,认为对方曲解了你。慢可能需要几十分钟,快则几分钟,你才能把自己从负面情绪里抽离出来。

分享一下我把自己从负面情绪里拔出来的三个步骤:第一步,我会对自己说,从外界得到这样的信息,一定会产生负面情绪,这很正常,但一直陷在情绪里就不正常了。第二步,我会抛开别人的态度,以及我对这个人的评价,认真思考后问自己:"他说的内容有没有一定的道理?有什么值得我留意和思考的吗?"第三步,我一定会问自己:"那我该怎么做呢?"这三步是我帮助自己面对否定的方法,你也可以用起来。

**第三种怕犯错思维的外在表现,就是好像对什么事情都没有兴趣,不想尝试,甚至动不动用"我不会"作为不想行动的挡箭牌**。这一点,既能解释为什么孩子不爱学习(怕学不会或做错题就会被人评价为不聪明的孩子),也能部分解释先生为什么爱打游戏(喜欢在自己的舒适区寻得成就感和安慰,担心在现实世界里多做多错,或者做错了被人评价没出息)。许多全职妈妈,有的刚刚休完产假很难重返职场,有的不敢重新出发,背后的心理也是怕犯错。她们内心的台词包括:"我肯定找不回以前的状态了;同事都在等着看我笑话吧;我现在反应慢半拍,错了太丢脸了;我连最简单的话都说不好了,别人会怎么想。"但是,如果你具备成长型思维,那么,想要重新出发,你应该对自己说:"我现在回职场肯定会有段艰难的适应期,但我相信,花点时间我就会越做越好的。我现在反应慢是因为不会,或者不熟练,那不会的就先学起来,我应该先从哪里开始学呢?我最近需要提高沟通能力,我要怎么提高呢?"

### 三步法解决问题

在具备了成长型思维,不再纠结对与错后,我们就应该把注意力放在正确的地方。哪里是正确的地方?那就是你的目标,遇事应该看目标,找解决方案。这里最大的难点不是找不准目标,而是如何找到有效的解决方案,以便达成目标。很多时候我们放弃了努力,是因为我们觉得尝试了却没有成功,没有信心了。所以在这个阶段,让自己的大脑尝到达成目标的甜头很重要,毕竟有了信心,你就会更加积极地尝试这种思维模式,直至形成思维惯性。

具体该怎么做呢?首先,要给自己信心,做好准备,让自己知道"我可以的"。情绪是特别复杂的,哪怕我们已经想好自己不能被它控制,但事到临头,一边急着表现"我可以不发火",一边急着解决问题,情绪就有可能失控,因为问题没有按设想的样子得到解决,两种情绪一交织,恼羞成怒,你就发火了,而且是很大的火。

所以，当我们想好要修正自己的行为时，那么最开始的阶段一定是要做准备，然后带着预先想好的方案去做，千万不要考验自己的临场反应。请务必在你着手解决问题时，对自己斩钉截铁地说一句：**"我今天可是有备而来的。"** 不要小看这一句话，这句心理暗示会让自己冷静下来，因为冷静，后面的事情就会顺利许多。当然，我说的"有备而来"，不是自己骗自己，我们确实要做个准备，那就是准备一系列实施步骤。我们应该根据最近最常激怒自己的事，设计一系列步骤，然后按照设想来进行。

在设计步骤时，顺序应当是：先确定自己的目标，根据目标找到问题的症结，然后对症下药，制订解决步骤。接下来，我举两个例子来说明如何制订解决步骤。

例如，你辅导孩子做作业，但孩子磨磨蹭蹭的，半小时过去了，他才写了几个字或者只算了几道题。一开始，你还比较有耐心，后面就会有点不耐烦，再往后，可能就要开始怒吼了。这种情形下最好的办法是，在孩子开始做作业前就先想好，今天如果孩子做作业磨蹭，你可以怎么解决。首先思考一下你的目标是什么，应该是让孩子可以快速完成作业。接着思考如何达成这个目标，请从两方面来分析这个问题，一方面，阻碍孩子快速完成作业的因素是什么呢？可能是孩子总怕做错。另一方面，有什么可以激励孩子快速做完作业呢？可能是做完作业后可以去玩。所以，要让孩子快速完成作业，你有两点可以尝试。第一，让孩子不怕犯错，但请注意，这不是一个步骤，因为它太空洞了，没有办法帮到你。所谓的步骤一定要具体，你应该将其表述为：在孩子做作业时，不打断他，等他做完我再看，给他修改意见。这样的具体描述才能让你真正知道自己可以如何做。第二，让孩子拥有时间观念，知道节约出来的时间可以用来做他喜欢做的事。永远不要低估孩子想办法的能力，通常只要你给予正确的激励，孩子自己就会找到办法，加快做作业的速度。有一次我受邀去做讲座嘉宾，现场一位老教育家说了一句令我印象特别深刻的话："很多孩子做作业慢，是因为发现好不容易做完了，妈妈一看，今天做这么快，再加点儿作业，孩子发现早做完作业得到的是惩罚，而不是奖励，孩子就会越来越慢。"

接下来，我们可以制订步骤了。当你和孩子坐下来，准备辅导他做作业时，你要对自己说："我今天可是有备而来的，这个办法一定能帮助孩子提高做作业的效率！"第一步，你要对孩子说："让我们一起来分析一下，你为什么做作业做得慢。让我们一起来找原因，一起解决问题。妈妈找原因不是想责备你，而是希望你能快速做完，让你有更多时间玩。"这时候，你可以和孩子一起探讨，看看原因是不是擦了又改、改了又擦，或者孩子做着做着就走神了。总之，和孩子一起找到问题。第二步，你可以问孩子："你计划如何解决这个问题呢？对于擦了又改的问题，你可否尝试今天把橡皮收起来，错了就放着，最后集中改？"第三步，你可以鼓励孩子，如果今天他成功地提升了速度，比如平时要做一个小时，今天只要没有用到一个小时，就算进步，那你们就庆祝一下，记得问孩子想要怎么庆祝他的进步。

再举个例子，你觉得最近和先生的关系不好，老吵架，想和先生好好谈一谈。（题外话：当你说"谈一谈"，你先生可能会发怵，因为太多时候女人说的"谈一谈"，都是去兴师问罪，所以有可能你抛出"谈一谈"这三个字,你先生的大脑就开始发警报:"这是个威胁!"这时你们已经没办法好好谈一谈了。)同样地,你可以先看目标。你的目标是什么?是改善和先生的亲密关系。那是什么导致你们关系紧张的呢?这时候,你要从双方角度去分析。首先你可以分析自己的想法:"因为我最近带孩子很辛苦,他既不帮忙,也不理解,更没有安慰我,所以我很不开心。"然后你可以尝试站在先生的角度理解他的想法,他可能会这样想:"我每天上班都很辛苦又有压力,可是一回家就是一张臭脸等着我,哄还哄不好,动不动就给我一顿训,我真是觉得很不开心。"

根据以上的分析,不难看出,案例里亲密关系问题的症结就是缺乏互相理解。当找到症结时,你就可以制订步骤了。实施之前你要给自己打气:"我今天可是有备而来的,我可以和先生缓解这种紧张的关系。"第一步,你和先生相约离开家这个环境,去外面喝一杯,或者吃顿饭。如果有孩子脱不开身,那么你们就在孩子睡了之后在家喝一杯,但请记住一定要布置一下,改变这个场域,否则身处一个平时经常吵架的环境,你们不自觉就会紧张,很难放松。第二步,在放松的心情下,你握着先生的手,或者躺在他怀里,对他说:最近因为照顾孩子比较累,所以忽略了他的感受,好久没有这样和他一起放松,真遗憾,你们彼此在有了孩子之后错过了许多。第三步,如果先生也开始反思,开始安慰你,你们就可以在友好的气氛里探讨一下如何可以让你们的爱情保鲜,比如每天等孩子睡觉后要手拉手、聊聊天,比如每周要有一次二人世界的安排等,一定要具体到时间和场景。如果先生很是木讷,甚至不自觉说出类似"你现在才知道啊"之类的话,请自行掐灭已经冒烟的导火线，不要"原地爆炸"，改为认真地对他说："我很爱你，所以我不希望有了孩子我们的感情就变了，可是我也觉得我们现在感情不如以前了，你觉得我们如何才能像以前那么恩爱呢？"之后你们应探讨出一个具体的方案，具体到时间和场景。

总结一下，在上述两个例子里，最主要的是要先确定目标，接着再根据这个目标找到症结，也就是你应该拆的那个"炸弹"，然后是制订三个步骤，来拆掉这个"炸弹"。

### 如何找症结

我们可以通过两种提问方式来找到症结。第一种方式是，问什么事情阻碍了目标的实现；第二种方式是询问对方的诉求是什么。你也可以将两者结合起来用，比如在前面两个案例里，探讨孩子做作业问题时，就将两种方式结合起来用；在探讨夫妻关系时，只用了第二种，不过在实际操作中，探讨夫妻关系时，你也同样可以问问自己第一个问题的答案是什么。

### 制订解决步骤的四个要点

找到症结后，就可以着手制订解决步骤了。根据前面的案例，我总结了一下制订解决步骤的四个要点：第一，为了方便自己记住，最好就三步，并且三个步骤之间一定是递进关系，不是并列关系。第二，好的步骤一定不是你说他听，而是共同商量、共同解决。第三，也是非常重要的一点，不要只设想步骤会按你预想的发生，例如在探讨夫妻关系中的第三步，就有两种可能发生的场景，你应该分别为其制订步骤。接下来一小节，我会告诉你具体怎么做。第四，要具体，不要空洞。什么叫空洞呢？凡是形容词和副词为主的步骤，就是空洞的，比如，"我要和他好好谈一谈"，这就叫空洞。毕竟，什么叫作"好好谈一谈"，这个"好好"本身就需要界定。如何才能不空洞呢？以动词为主，能有一个具体的画面出来，比如"我要先和他抱一抱，亲亲他"。

### 用导演思维来制订你的三个步骤

我每天最容易"炸毛"的场景是孩子吃早饭磨蹭，误了上学。所以我设计了一个解决方案：第一步，当孩子来到餐桌前，告诉孩子，长针指到 6 之前一定要吃完早饭；第二步，长针指到 4 的时候，提醒一下孩子还有 10 分钟；第三步，孩子吃完给予鼓励，形成吃饭正循环。看到这里，你可以帮我想一想，这三个步骤有没有问题。看起来这是很好的步骤，因为我的目的是解决孩子吃饭磨蹭的问题，只要孩子磨蹭的原因是没有时间观念，那这三个步骤就挺好的。如果孩子根据我的计划吃他的早餐，那就万事大吉。但是，我在方案里并没有设想万一长针指到 4 的时候，孩子进度慢了，眼看长针指到 6 时吃不完了，那该怎么办？这种时候可能我一急，觉得我都想办法了，怎么还是没搞定孩子，我们家孩子太难搞了，紧跟着的就是"原地爆炸"。

偶像剧里经常会有一类镜头，就是一个人在那儿演练待会儿他的暗恋对象出现时，他要怎么说、怎么做，对方如何反应，然后他再怎么说、怎么做。但往往戏剧化的结局是，他预想的场景并没有出现，然后他方寸大乱。当我们在预设解决方案时，也经常会发现别人没有按我们设想的做，这时我们就不知道怎么办好了。所以，如果只预计事情会往好的方向发展，没有备用方案，一旦事情没按设想的来，我们可能在那个当下就傻眼了。所以，在预设解决方案时，务必要想象自己是导演，在心里把预想的场景过一下，看看需不需要加戏。

还是用刚才的例子，想象一下，孩子坐到餐桌前，然后我端出早餐，做第一个步骤，说："宝宝看一下时间，长针指到 6 的时候，我们要吃完哦。"这时候，想象镜头对准孩子，孩子会怎么做呢？很显然，一种剧情是孩子说"好的，妈妈"，然后开始吃；长针指到 4 的时候，我看孩子进度还行，于是按计划提醒，最后他欢欢喜喜去上学。但设想到这儿，我必须大喊一声："停！"为什么？因为这帮演员太"自嗨"了，都不想想看，剧情一点冲突曲折都没有怎么行，必须重新想。那么，在哪里安插一点曲折好呢？先看第一个镜头，当我说"长针指到 6 的时候，我们要吃完哦"，孩子的剧本可能是"这么多啊，我吃不完，我不要吃这么多"。那还有哪里可以安插冲突曲折呢？这时候回看步骤，第二个关键节点是我们定的长针指到 4，如果当长针指到 4 时，场景是孩子面前的食物明显 10 分钟吃不完了，我们该怎么办？

找到了两个可能的冲突场景，我们就可以重新来看看步骤了。第一个步骤可以不变，但是如果说完这句话之后，孩子并没有加快吃饭速度，依旧磨蹭，我就要启动备选步骤，那就是和孩子玩一个小游戏，和他共同挑战一分钟吃完半块面包，而且我故意让他赢，让他可以愉快地吃起来。再来看第二个步骤是长针指到 4 时提醒孩子，如果这个时候看起来有点来不及了，那我就要启动备选步骤，比如说，我干脆坐下来喂孩子吃饭。

以上只是我举个例子，具体用什么步骤可以很灵活多样。妈妈们并不缺乏制订解决方案，尤其是解决问题的创新能力，大家只是不知道自己可以把智慧用在家庭这些场景里。所以，想象你就是导演，培养自己一个能力，那就是写分镜头脚本的能力。当一个场景出现的时候，你如果发现自己已经写好脚本了，而且都在心里演练过了，做起来自然就会得心应手。不过此处我得提醒一点，有时候你也可能没有把场景想得过于乐观，而是把场景想得过于悲观。在这种情况下，你也要喊停，看看如何调整剧本，让场景多一些美好的可能性。

当然，生活最有意思的地方就是不可预料，有时候你会遇到别人突然加戏，也就是出现了你没有写过脚本的场景。那怎么办？相信自己的临场反应，拿出你的思考套路，快速思考：现在的目标是什么？现在面临的症结是什么？怎么解决最好？不知道大家有没有注意到，我们的大脑其实很会偷懒，会把我们过往的许多成功经验积攒起来，变成条件反射，最终就形成了所谓的临场应变反应和超强的直觉。所以，你一定要多练习三步解决问题的思维模式，不断去巩固它。除了反复强调大家需要巩固的思考套路（遇到事情不分对错，直接看目标、找解决方案），我还要提醒你，要积累一些好的解决方案，这样下次遇到相似的场景，就会像梁朝伟演戏那样驾轻就熟，知道这个场景该怎么说、怎么做。我更建议你每次在场景结束后，问问自己，哪些做得特别好，哪些可能要调整，以及还有什么场景没有考虑到。下一次，你再做导演回看剧情时，就可能把原本没意识到的场景考虑进去，设计的解决方案就会越来越周全。

### 别忘了我们是有温度的人

虽然我一直强调我们要关注目标,要以终为始,但这绝对不是说我鼓励你成为一个为了目标而不择手段的人。

举个例子,有个很重要的家庭聚会在外地,比如长辈的 80 大寿,但祝寿这一天孩子有奥数补习课。你前后想了想,觉得你的目标是要让孩子学好奥数、考个好初中,于是决定就不去长辈 80 大寿了。这样培养出来的孩子可能会认为除了学习,其他都不重要,但你会不会觉得做一个有温度的人更好一些呢?

生而为人,尤其是作为妈妈,我们也许在当下有这样那样的目标,但在人世中走这么一遭,我们有一个终极目标,那就是给你的孩子、家庭,乃至整个世界满满的爱。最好的解决方案就是点亮自己,照亮他人。所以,尽管有各种各样的目标,有各种各样的困境,但千万不要忘记生而为人,尤其是女人,我们的终极目标是给他人满满的爱和温暖,最棒的解决方案就是用你的爱与美好能量点亮他人。当我们当下的目标和这个终极目标有冲突时,一定要灵活,不能为了达到眼下的目标而少了温度、少了爱意。

### 不要对自己太苛求

我们对自己有要求是好事,但请不要对自己太苛求,甚至到了悲壮的程度。我们的目标是让自己成长,让自己越变越好,但并不是要抛弃情绪,或者认为所有负面情绪都是坏的,必须赶尽杀绝。请你一定要接纳那个有情绪的你,并且知道有情绪是正常的。不过这句话说起来简单,做到很难。我给大家三个具体办法。

**第一，我们要学会自己治愈自己，从而不再渴求从外界寻求理解、认可和尊重。** 比如我们不要觉得，自己生气就必须让先生低声下气地哄，我们累了孩子就该乖乖听话、少添乱。如何自己治愈自己呢？最好的办法是每天给自己一些独处的时间，半小时最好，但没有半小时，五分钟也足够了。在这个独处的时间里，请选择一个安静的环境，盘腿坐下，保持背部挺直，肩颈放松，然后深呼吸五次，每次呼吸都要听到"海潮"（也就是鼻子呼吸）的声音。五次结束后，用右手按在你的左胸，让你的大脑和心建立联结，和你的心沟通，对它说："谢谢你这么多年来一直默默陪伴着我，之前我很少关注你，与你沟通，在未来的日子里，我会更多地尝试与你交流。"然后想象有另外一个你坐在你的对面，你把你所有的委屈和情绪倒给她，她无条件地给你安慰，给你爱的鼓励。

**第二，当你忍无可忍还是发火了时，要学会转移注意力。** 先不要当法官，指责别人害你发火，或者训斥自己怎么还是改不过来。因为这么一做，你会又恼又羞，发火发得更厉害。这个时候也别总预期外界给你台阶或者用你想要的方式去安慰你，你要做的只有一件事，转移自己的注意力，别一直停留在发火的场景和心绪里。当过妈妈的人都有这样的经历，孩子还小的时候，他哇哇哭着要某个危险的东西，我们当然不能给，但不给孩子一直哭怎么办？于是我们就会重新找个东西给孩子，孩子的注意力转移了，自然就好了。同样地，当你已经陷在情绪里不可自拔时，最有用的办法不是把情绪强压下去，而是转移自己的注意力，看一档综艺节目，看一会儿书，或者找个地方大哭一场，彻底宣泄一下。当然,你也可以来翻一翻这本书,在前一章里你记录了许多美好能量,这时候它们能帮助你转化那些消化不了的负面情绪。总之,不要一直盯住在那个让你有情绪的事情,然后苛求自己立马转变态度,这个太自虐了。

同样,当孩子在宣泄情绪而大哭的时候,你要做的绝对不是威胁他不许哭了,最好的做法是陪着他宣泄,然后想办法转移他的注意力。当先生变身马景涛的那些爱怒吼的角色时,比起和他对吼,或者给他冷暴力,你最好的办法是示弱,或者表现出幽默。有一次因为我忘记先生某件重要的事情,没帮他办,先生那天大约心情也很差,忍不住就怒吼道:"你倒是说呀!你怎么回事?"我开玩笑说:"老公,你刚刚的样子好像马景涛哦。"先生"扑哧"一声就笑了,此后很长一段时间他都很少发火,大约因为他一想要发火就想到"马景涛",也觉得很好笑,所以就没火气了。

所以,当你已经有情绪的时候,最好的办法不是压制,而是转移注意力,当你的注意力转移了,情绪自然就没了。

**第三,客观地表达感受,而不是用情绪表达意见。**举个例子,有天看到一个知乎"神回答",问题是:"我22岁了,还能学会钢琴吗?"下面有个人回答:"很难,因为你妈打不过你了。"我猜家有琴童的看到这句回答绝对会会心一笑。通常孩子练琴都是"三部曲":"第一部曲",妈妈和颜悦色,孩子认真开弹;"第二部曲",孩子失去耐心,妈妈强忍火气鼓励;"第三部曲",妈妈怒吼,孩子痛哭。其实,"第三部曲"里妈妈怒吼就是在用情绪表达自己的意见,用生气来问孩子:"你好好练琴就这么难吗?"

经过一段时间摸索,我发现最好的练琴"三部曲"是这样的。

"第一部曲",坐在琴前,孩子和我一起深呼吸,然后让孩子大声说:"我今天会认真弹,遇到弹错的情况就对自己说'再来一次',早点弹完,早点去玩。""第二部曲",孩子对自己弹错了不满意,开始发脾气。如果他的情绪在可控范围内,我就抱抱他,给予安慰鼓励。但如果眼看他没有要收场的意思,我会告诉他:"错了我们就再来。你如果一直发脾气,就是自己为难自己,不单你难受,我在旁边看着也很难受,再这么下去妈妈就控制不住脾气了,为了不吼你,我先去陪你妹妹玩,你发完脾气自己弹吧。""第三部曲",没有了看他发脾气的观众,孩子自己宣泄够了,就会主动再弹,或者请我过去陪他弹,但如果他脾气又上来了,我重复第二步。

在我这个新的"三部曲"里,最重要的一点就是我在表达感受,而不是发火。**我们有血有肉,会生气、会难过很正常。好的做法是客观地说出来,让对方知道他的做法会让我生气难受,让我无法接受,然后和对方一起采取点什么措施度过这一刻;不好的做法就是"点燃炸药桶",来个"同归于尽"。**

## 兼职时代,你有许多事业可以做

未来不再有公司,只有平台。
未来不再有老板,只有创业领袖。
未来不再有员工,只有合伙人。
在手机智能化的今天,这个趋势不需要我解释,已经越来越清晰。延伸出去,我还可以说,未来不再有朝九晚五,只有按需工作。所以,这是一个对全职妈妈来说最好的时代,我们不必因为留在家中照顾孩子,就只能放弃事业。我们完全可以选择在照顾孩子之余,再做点什么。那究竟可以做点什么呢?容我给你盘点一下。

### 做一个社交平台 KOC

KOC 英文全称为"Key Opinion Consumer",即关键意见消费者,是指能影响他人产生消费行为的消费者。为什么说做社交平台 KOC 特别适合妈妈们呢?因为每个妈妈都拥有丰富的生活经验,而且还都特别乐于分享,所以如果你乐于把你的经验,把你认为好的物品分享给他人,你就会慢慢聚集一群粉丝。例如淘宝店"纽约东东宝贝",这家店的创始人徐菲女士,最初就是乐于在微博给大家分享国外好的育儿用品,没想到最后开出淘宝店,甚至成为许多国外大品牌在中国的总代理。"蜜芽"的老板刘楠、"年糕妈妈"李丹阳,这些大企业家都是从最初和身边人分享好物,或者分享喂养知识开始,慢慢成就了一家企业。当然,我们不一定非要把企业做得那么大,做企业比养孩子更耗心力。我想讲的是,分享是能为你带来变现能力的。所以,从今天起,你可以选择一个你喜欢的公域流量社交平台,比如小红书、抖音、西瓜视频、知乎,开始你的分享。请注意一点:我在这里推荐的是公域流量。所谓公域就是平台会给你分配流量,让别人看到你,而不是要靠你去自己寻找流量,这是不一样的。

在这个过程里,首先,掌握平台的规则很重要,你一定要去研究每个平台发出的规则。其次,一定要去看这些平台里已经做起来的人是怎么做的,尤其是研究他最开始火起来的那几条内容,这对你去把握平台规则,找到自己定位很有帮助。

最后,当你确定了这条路,剩下的就是坚持,持之以恒地学习、输出,让平台看见你,让更多粉丝认识你。

### 利用你的一技之长

有些妈妈先天就有做兼职的优势,比如原本做财务,原本做人力资源,或者说英语特别好。这种情况下,她们要找到兼职会很容易,因为现在大量的企业都把财务和人力资源外包了出来,也有许多对外汉语机构在招一对一的老师。你要做的,就是去搜索,哪些网站上有比较多的兼职,不定期去那里搜索,总能找到适合你,而且不需要你坐班的兼职。

### 最不推荐你做什么

我不大推荐心理咨询师、正面管教师等许多妈妈都热衷的各种"师"。首先,心理咨询或者正面管教等育儿相关的这些工作,它们本身要求是极高的,需要你长时间专注积累和学习,而且要积累丰富的案例,你才能说自己可以出师了。这中间需要忍受长时间不变现的寂寞,除非你对这件事热情很高涨,认为自己三五年投入时间、金钱,而且不赚钱也没关系,否则不适合。其次,这些"师"的背后都需要你有一定的阅历。以育儿为例,育儿背后其实是在教别人怎么做人。怎么做人这件事,仁者见仁,智者见智,甚至有可能自己都还不能说自己活明白了,拿什么去教别人怎么做人呢?这个责任太大了,不要轻易给自己揽这么大的活儿。

在我的从业过程中，我看了许多全职妈妈再出发成功或者失败的案例，坦率地说，**如果你想重新出发，最重要的就是务实**。

家里要是揭不开锅了，那到家旁边的快餐店或者咖啡厅打工，你也能挣到钱；如果你就想有点零花钱，那就从自己的技能出发，找一份兼职；如果你觉得成为全职妈妈，反而给你的梦想腾出了空间，那就算一下自己能投入的金钱和时间，在这两者都允许的情况下，沉下心来认真学习，认真去做。最后，我再给你一个小贴士：**学习别人的成功路径**。

这个世界上，不论你想做什么，绝大部分的事都有人做过了，而且做成功了，去研究他的成功之路，然后结合自己的实际情况，变成你的路径，你也能成！

## 不要让事业来挑你，你的价值你做主

经常会有人问我："桃子，我好像什么都不会，我能找什么工作呢？"其实，这么想本身就是错的！请不要让事业来挑你，好像找工作不容易，所以有工作给你，你就要感恩戴德地接受。除非你现在极度缺钱，否则我不建议你这么做。

对于大多数人来说，当你想好要重返职场，或者说要做一份工作时间有弹性的事情时，请你务必认真想想"我究竟想做什么工作"。毕竟，你的自我价值，你做主。你的事业将成为你生活的一部分，要找到这件事，你最好先仔细认真思考一下你的人生目标是什么。

## 找到你的人生目标

我在《原则》这本书里看到一个特别有趣的比喻：人生就是在吃自助餐，你会面对非常多意想不到的美食，虽然理论上你可以都吃，但事实是你只会选择其中几种吃，因为不放弃其中几种食物，你就无法吃到自己更想吃或者更需要吃的美食。这个道理看起来特别浅显，但可惜的是少有人能做到，这导致我们可能还在制定人生目标这一步就已经失败了。

我们不敢追求更好的目标，怕因此放弃了一个看起来已经不错的目标，这一点在女性择偶时特别明显。因为许多女性都有父母催婚的压力，所以有时候看到一个各方面还不错的男人，虽然没有感觉，但觉得可以了，不要再去追寻真爱，决定嫁了。结果就是没有为了爱情而结婚，只有柴米油盐的婚姻，一辈子也许都会带着些遗憾。或者是我们想同时追求好几个目标，但要的太多，最终可能一个都不能实现，比如我们希望自己在妈妈、员工和妻子这些身份方面都要拿 90 分，当对自己要求如此之高时，结果很可能是一样都做不好。

所以，当我们在制定目标时，想象自己在吃一顿豪华自助餐，那么为了不要撑得快吐了还感觉没吃好，我们最好先想清楚自己要吃什么和不要吃什么。那么，我们怎么才能想清楚呢？首先要避免两个误区。

**第一个误区，是把目标和欲望混为一谈，把成功的装饰品误认为成功本身**。我在做咨询时，经常会问一句话"你想要什么"，这个具体的东西就是一种欲望，然而换个问题"你想要做什么"，这个具体的动作对应的才是目标，它甚至需要你忍受一些欲望不能被满足。举个例子，我想要豪车、豪宅，这就是欲望；我想要做成一家企业，让更多妈妈活得幸福，活得光彩照人，这就是目标。要实现这个目标，我非但不能买豪车、豪宅，还可能要卖豪车、豪宅才能实现。

**第二个误区，就是把目标放在自己的安全边界内，只把我们肯定能实现的列作目标，觉得某个目标无法实现就否决它**。我一直很喜欢一张冰山的图，描绘出当人站在海面时，看到的是浮于水面的冰山，而看不到的是海面下体积数十倍大的冰体。很多时候我们以为自己达不成那个目标，那是因为我们并没有看到自己海面下的巨大潜力，也没意识到我们可以挖掘那部分潜力。我们要做的，就是当制定目标时，不要急着去想"我能不能实现"，而是问自己"我想不想实现"。只要我们想，只要我们朝着这个方向努力，实现目标就是迟早的事。

跨过误区，我们再来看看如何找到自己的人生目标。在我做"人生管理私董会"时，许多妈妈会说"我就是找不到目标，我感到很迷茫"。其实，想找到自己的目标并不难，**只要问自己："十年后，我希望自己成为怎样的人？理想的生活状态是什么样？"** 此刻也许你会一愣，好像自己没想过。但是不要紧，现在的你就可以开始想：十年后的你，理想的状态是什么样，理想的生活是什么样。记得把这些内容一条条记下来。等你把这些内容记下来之后，就可以着手于第二步，断舍离。首先你可以问自己："我能把所有这些目标都实现吗？"如果答案是否定的，那么看看里边哪些是我刚讲过的欲望，把这些欲望的内容先删掉，删完再问自己："我现在还必须删除两样,那应该删除什么呢?"请重复这个动作,直到你的目标只剩下最好不超过三项。如果你做起来还是觉得很难,好像想不清楚,那么索性把十年拉回半年和一年,先定个小目标,比如"我想要减肥""我想要学英语""我想要每个月赚 3000 元。"在你一个一个实现小目标时,你自然会慢慢看到自己的人生目标。

### 什么算是好的人生目标

经常会有妈妈拿着她的目标来问我:"桃子,我这个目标怎么样?好不好?"在我看来,**没有不好的目标,目标是自己的,最重要的,是问自己,什么样的目标才能激发你充满动力地去实现它**。据我观察,那些最能让人持久地充满动力追寻的目标,都有一个特点,那就是助人助己、自利利他。

每次提到利他,总有人觉得这是情怀。可是正如我之前讲到的,现在脑神经科学研究者已经证实了一点,那就是当我们能够做帮助他人或者对别人有价值的事情时,大脑会分泌让我们产生幸福感的物质,这种物质的名字就叫催产素。催产素的产生会让大脑判定外界刺激是奖励而不是威胁,于是我们就会感到开心和幸福。进化学告诉我们,每一个物种最重要的基因,就是利于自己进化生存,不单帮助自己这个个体生存,还要让整个物种中的个体尽可能多地生存。所以,大脑会在我们帮助他人时发出奖励指令,然后我们就觉得幸福了。

如果你人生的终极目标是幸福快乐,那么在制定具体要实现的目标时,你最好能想想这个目标是否还能为其他人创造价值,如果能,相信我,你将在实现目标的路上走得更耐心、更勇敢,而且当你实现目标时,也不会像独孤求败那样被空虚吞没。

⊙ 小练习

### 找到人生目标

认真思考一下,十年后,理想中的你应当过着怎样的美好生活?

_____

_____

_____

_____

_____

写完之后,记得做个断舍离,找到内心深处的呼唤。

_____

_____

_____

_____

## 把手甩起来,步子自然就迈开了

有一年,我去爬黄山,而且是负重爬的,爬了五六个小时,几乎走两步就要停下来坐一会儿,而且一旦坐下来,就更加不想起身。同行的小伙伴教了我一招,说:"你把手甩起来,试试看,手甩起来,步子自然就迈开了。"这一招非常管用,最后两个小时,就靠这一招,我走到了目的地。(你也可以在家试试哦。)

面对困难,我们难免有迈不开步子的时候,瞻前顾后,前怕狼后怕虎,就是不敢走,怎么办?那就把手甩起来。换句话说,**要先撸起袖子干起来,真的做起来,就没那么害怕了,事情也好像没那么难了。**

在我做全职妈妈的那几年,我不知道家里有一股什么样的引力在拉扯着我。有时候,我也觉得自己该出门结交一些朋友,但临出门的时候,我就是走不出家门,出于各种原因,比如衣服不好看、头发没有洗,我怕到了不知道聊什么的程度。在我下定决心走出家门之前那四年,我变成了一个爱放朋友"鸽子"、不喜欢社交、不喜欢出门的"黄脸婆"。不如意的生活就像一艘正在慢慢下沉的船,坐在船上的我经常会想,我该弃船努力往外游,还是守着这艘船,期待有人来救我。很多时候,很多人都会选择留在船上,等着有人相救,因为他们不相信自己能游到岸边,自己游是要耗费相当大力气的,而且也可能有危险。在没有完全沉下去的船上等待他人相救,不需要努力,而且看起来暂时是没有危险的。许多人就为了这暂时没有危险的感觉,最后被沉船带来的旋涡卷入海底,失去了逃生的机会。当年的我,虽然也觉得自己活得越来越封闭,也知道那样不好,但真正下定决心要改变时,又有两年时间滑过了。如今的我,回看那一段日子,真是后悔当初没有早点行动,浪费了大量的时间在内耗上。

当然,也因为这段经历,我明白被负能量拉扯时,确实心力会比较弱,迈不开步子去行动。所以,写这本书也是希望能带给你更多能量,在你迈不开步子的时候,至少先把手甩起来,带动自己行动。不要像我当年,已经破罐子破摔到打算和先生离婚,觉得日子一天都过不下去了的时候,才肯改变,却不曾想过,有离婚的勇气和决心,为什么不去修复感情、提升自己呢?其实,真等到迈开步子,你的思维就会慢慢发生改变,而你看到的世界也会更广阔。**我做到了。你,也可以。**

### 不进化就灭亡

在新西兰的奥塔哥大学参观博物馆时,令我印象最深的是一只巨大的鸟,叫作恐鸟,它的身高约有 3 米,体型也很庞大。这种鸟在新西兰生活了很长时间都没有什么天敌,慢慢发现生活里没有威胁,结果这个物种不但没有进化,相反还退化了。它们不会飞,只是跑起来很快。当 19 世纪欧洲人发现新西兰这片崭新的大陆,并开始移居到这里时,它们就成了人类的盘中餐,数量锐减。对我们而言道理是一样的,有时候我们因为岁月静好,或者不愁吃、不愁穿,就降低了对自己的要求,我们就开始退化了。等到有一天出现意外,我们就会措手不及。所以我特别希望每个妈妈,尤其是全职妈妈,要有一些危机意识,要有一丝的危机感,因为这才能帮助你去进化,而不是退化。

在做全职妈妈之前,我是一个很自信的人。然而等我做了五年全职妈妈(补充一点,那时候我就只想岁月静好,所以整个人完全不想再学习和进步),先生带我去一家意大利顶级餐厅吃饭,主厨特地过来打招呼,那一刻我居然有点慌,不知道要不要站起来,也不知道手往哪里放。这件事让我突然看到了自己的退化，这对我来说就是很大的威胁，因为我知道再这样退步下去，我将变成无法应对任何挑战的人。这意味着我和一只飞蛾没什么两样，命运的风往哪里吹我就会往哪里飘，风如果把我吹到水里，我就淹死了。有一天，我和几位妈妈聊天，她们说想出门找工作，稍微挣点钱，打发打发时间。我一时不知道说什么好，只能说这样也挺好。毕竟不是所有人的船都是一艘快沉的船，很多时候，能做全职妈妈，你可能不缺钱、不缺爱，感受不到外界有威胁，也就没有进化的动力了。没有动力，光听人劝说，想法是不会变成行动的。我替她们担忧，因为感受不到威胁，不代表威胁就不存在了。我们人类的寿命未来可能延长到200岁，想想我们现在才活了不到1/4，就开始退化，后面就只能像飞蛾一样任凭命运摆布，这该如何是好？所以，从这个意义上说，我希望你，**生活不要太安逸，总有一丝危机感，这样你会更有进化的动力，你的命运才能掌握在自己手里。**

  当然，甩开手走，只是机械地让我们动起来，后面的行动依旧是辛苦而困难的。如果能用一个公式去概括什么是成长，那就是痛苦加反思等于成长。没有把孩子带好的苦，先生不理解你的苦，林林总总，最后回归本源，就是我们渴求认可、尊重以及安全感而带来的痛苦。我希望你能明白，承受这些痛苦并不是因为你倒霉，遇到了"熊孩子"或是"猪队友"，遇到了糟糕的同事或者老板，而是自然界给了你一次进化的机会。请抓住这个机会，然后运用我在本章"万能思维公式，你独立的起点"里的方法去反思，去寻找问题的底层症结以及症结产生的原因，然后对症下药制订解决方案,再通过导演模式去检验自己的方案,结束的时候复盘:哪些地方做得好,哪些地方还可以改进,是思考不够周全,还是表达不够好,下次可以怎么做。把这些挑战看成机会,然后日复一日去练习,你会在某一天突然发现自己强大到自己都不敢相信。

最后,我希望你可以站在自然界规律这个高度去理解成长。自然界的个体有一个终极目标,那就是让整个族群得以更好地生存。所以,当你在持续成长,变得越来越强大时,请记住,这一切不是为了让你把那些还没有发现这条路或者在这条路上走得慢的人踩在脚下,去鄙视他们,或者认为他们不思进取。当你自己日渐强大时,请怀着一颗慈悲的心去帮助那些还陷在困境里而无法理性思考的人,去帮助那些还没有找到好的成长方法的人,去帮助身边所有需要我们帮助的人。出于同样的理由,我希望借由这本书,能让每个妈妈都拥有强大的内心。你好了,你的整个家庭就好了,这本身就已经是在点亮自己,照亮他人了。

小 结

- 遇事看目标,找解决方案,别急着去分对错。
- 迈不开步子的时候,先把手甩起来。
- 思考十年后你想成为什么样的人,这能帮助你找到人生目标。

# 后　记

写这本书的时候，也是我研究如何帮助妈妈们活出自我、保持精神独立的第六个年头。过去五年，从创业的角度讲，真的是非常辛苦艰难，但也是充满成就感的五年。非常神奇的是，每当我觉得犯不着这么辛苦时，总会突然收到别人的感谢，感谢我的课程，感谢点亮妈妈，伴随她们度过了最艰难的日子，或者走出了自己的思维困境，让她成为更好的自己。于是我就觉得正在经历的这些苦和难，又都不是事儿了。

2020年的开年，充满了不确定性和灾难。我投身公益组织，帮助武汉的医院筹措物资。结束之后，武汉志愿者田飒进了我们的社群，在我们社群里待了一周，他说："桃子，我觉得你们的社群很神奇，在那里，我有一种能量感，这种能量感不是鸡汤，也不是鸡血，就是觉得在那里很安全、很安心。你们社群里的人充满了善意。"关于我们社群令人感到安全、安心的话，我听了许多遍，我也一直在想，究竟是什么让大家有这种感觉。当田飒这么说的时候，我突然看到了答案，那就是每一个场域，都会激发一个人的善念或者恶念。如果这里充满了善的能量，你的正能量或者说善念就会被激发；如果这里充满了负能量，你的负能量或者说恶念也会被激发。我很开心，点亮妈妈是激发善念的那个场域。

在点亮妈妈，我们有一个共同的使命，那就是帮助妈妈们点亮自己、照亮他人。带着这种使命感，我们创造的场域就能最大限度地激发他人的善念，许多人的善念被激发出来，留在场域中，这个场域还会回馈给我们善念，让我们自己在能量偏低的时候得到补给。这同样也适用于你的家庭。希望借由这本书，你能把更多的善念和美好带到小家的场域，让你的家人、你身边其他的人感受到你的不同，让他们也因你变得不同。

就在我敲下这几行文字的时候，女儿在我身边问道："妈妈，我可以给那些医生、护士画一幅画吗？我想为他们加油，他们这么努力，应该得到鼓励。"我的内心是喜悦的，平时潜移默化之中，善念已经传递给了她。我的善念源自哪里呢？源自我的母亲、我母亲的母亲以及我母亲的母亲的母亲。在我很小的时候，我母亲和她的母亲聊天，我听到了这样一个故事。我的外婆小时候家境不错，一天能吃上两顿饭，还能让她念女子学校。那会儿穷人家吃不起米饭，只能顿顿吃红薯。我外婆的母亲有时候会偷偷把家里的米拿去换穷人的红薯，她是好意，想让别人吃上米饭，但不想让别人难堪，所以总会不好意思地说，自己特别爱吃红薯，感谢他们肯和她交换。我想，就在听到故事的那一刻，善的种子就已经埋在了我的心里，慢慢发芽了。**你通常和你的孩子聊些什么？作业写了吗？饭吃了吗？还是聊聊那些蕴藏着家庭文化的小故事，或者名人趣事、历史要闻，甚至宇宙万物？**

我们是妈妈，是给孩子内心埋下无数颗种子的人。希望你有源源不断的内心能量，能给孩子埋下善的种子，并且用爱去浇灌，让孩子成为一个精神富足的人，这比身体健康或者财富都更重要。看看霍金，你就能明白我在说什么。所以，在本书的后记中，我要感谢我的父亲和母亲，是他们给我埋下了许多善良和美好的种子，用无条件的爱浇灌，让我始终精神富足，所以才有机会开启别人口中彪悍的人生。

我也要感谢我的先生，他曾对我朋友说："桃子是那种如果我说离婚，她就会立即把结婚证撕了的人。所以，我从不给她这么做的机会！"谢谢我的先生，哪怕在我们关系最差的时候，他也不曾说过要离婚，还在努力修复这段感情。也感谢他允许我"自曝家丑"来帮助和我们一样也陷入困境的家庭。

当然，我也要感谢我的公公婆婆，还有我们家的家庭总管小飞。我能安心写书、安心创业，没有后顾之忧，是因为背后有强大的支持系统。

我也要感谢我的儿子和女儿，因为你们，我才有机会体验妈妈这个身份，我的生命才因此完整，我的许多体悟也源于此。

我也要谢谢本书的策划编辑邹慧颖，有时候我写着写着就开始自我怀疑，这本书能否对妈妈们有所帮助。慧颖每次都会给我许多鼓励，这是我能不断推敲、打磨、往下写的美好能量。

最后，我还要感谢为这本书设计封面的奇文云海李晓斌设计师，我们完全没有纠结，第一稿就过了；感谢为这本书调整语言的责编彭箫，我的原稿有许多口语化的用语，辛苦她花了大量时间调整；这个过程里，慧颖还亲自请教了国内神经科学专家，一一确认我文中提及科学知识的准确性和严谨性，令我叹服。

当然，也感谢耐心看到这里的你，因为你的喜欢，这本书才完成了它的使命，才更有意义。

**感恩一切的相遇，我们有缘再会！**

## 彩蛋　究竟要不要做全职妈妈

这是每个女人做妈妈之后都会思考的一个问题。顾虑有两个，她们怕做了全职妈妈，成就了孩子的未来，输了自己的未来；又怕保持职场的身份，成就了自己的未来，却把孩子的未来输了。首先，我想告诉大家，以上的顾虑是个伪命题。欧美全职妈妈的历史比我们长多了，相关人员做了一份调研，结果表明，孩子的发展和母亲是不是全职妈妈没有必然联系。所以，你的未来和孩子的未来不是跷跷板的两头，一头上去了，另一头就得下去。你们的未来是可以双赢的。

我非常理解，现在这个社会环境下，90后年轻人的父母可能还在上班，帮不了忙。生了孩子，如果请不起保姆，或者不放心保姆，你就只能选择自己带。那妈妈带还是爸爸带，至少现在中国的环境里，全职妈妈比全职爸爸多。但是，如果你家有完整的支持系统，我鼓励你不要放弃事业，否则未来你总会觉得自己为家庭做出了巨大的牺牲，无形之中会给家庭其他成员带来很大的压力。

如果你想回家做全职妈妈，那么请你做出这个决定之前，先看看是否满足以下两个条件，如果不满足，请三思。

（1）你们家的经济大权是否掌握在你手里，或者说先生是否值得信赖，会给你足够多的家用？在我的许多咨询者里，自己"倒贴钱"做全职妈妈的不在少数，等到自己一无所有才决定重新出发，这样会让自己非常被动。所以，请你不要太勇于牺牲自己，先和先生把经济财权讨论清楚。否则，你始终处于对经济问题的焦虑之中，尤其是万一你父母需要钱，你却一点都没有，心理失衡是难免的。回家做全职妈妈没问题，但要给自己争取到主动权。

（2）**你是不是做家务的好手？你是否喜欢照顾孩子的吃喝拉撒？** 做全职妈妈，家务和孩子的吃喝拉撒就变成必选项（当然，家里保姆、司机一应俱全的富太太不在此列），如果你得心应手，或者说不对此感到腻烦还好；如果你本身就不擅长这些，那还请慎重考虑。我怕你做得充满怨言，这样反而不如上班好。

最后，我想说，生活里可能没有那么多能想清楚的事。如果你已经选择了做全职妈妈，那就要相信自己的选择，毕竟，全职妈妈是一种很棒的生活体验。你要做的，就是把那些你担心和社会脱节的时间用来学习，或者结识新朋友，把那些你和先生、长辈怄气的时间用来成长，甚至找份兼职。决定一个人生活质量的，从来不是某一个身份角色，而是你给自己怎样的限制。不要用"我不能""我不会""我担心""我不行"，甚至"他必须""他应该"给你的内心设限。请放弃反复论证行不行、能不能、应不应该、必不必须。只要你想活得精彩，不论你是全职妈妈还是职场妈妈，都可以做到。你要做的，就是问自己："第一步，我该做什么？"

# 推荐阅读

## 幸福超越完美
作者:(以)泰勒·本-沙哈尔 ISBN: 978-7-111-33863 定价: 39.00元

哈佛大学排名第一的"幸福课"听课人数超过曼昆的王牌课程《经济学原理》!

## 花钱带来的幸福感
作者:(美)伊丽莎白·邓恩 ISBN: 978-7-111-44880 定价: 35.00元

洞悉消费心理,达成最划算的幸福交易
众多世界顶尖行为学大师倾力推荐

## 打开积极心理学之门
作者:克里斯托弗·彼得森 ISBN: 978-7-111-31422 定价: 65.00元

作者为我们打开积极心理学之门,指引我们如何发挥自身优势,享受健康快乐的人生。

## 遇见你的幸福心灵:追求美好生活的100个思考
作者:(美)克里斯托弗·彼得森 ISBN: 978-7-111-45074 定价: 39.00元

积极心理学创始人克里斯托弗·彼得森遗作

## 这个世界幸福吗
作者:(美)卡萝尔·格雷厄姆 ISBN: 978-7-111-36251 定价: 36.00元

幸福经济学的权威之作!荣膺两位诺贝尔经济学奖得主盛赞!著名经济学家汪丁丁作序推荐!

## 积极心理学团体活动课操作指南
作者:阳志平 ISBN: 978-7-111-29143 定价: 50.00元

以积极心理学作为理论体系支撑,结合团体心理活动课的实践经验,设计了75个最新实践活动,轻松指导学校心理健康教育课程。

# 科学教养

# 亲密关系

**愤怒之舞**

作者：[美] 哈丽特·勒纳　ISBN: 978-7-111-55869-9　定价: 45.00元

**关系之舞**

作者：[美] 哈丽特·勒纳　ISBN: 978-7-111-55846-0　定价: 45.00元

**沟通之舞**

作者：刘海涛　ISBN: 978-7-111-55702-9　定价: 45.00元

**爱的性格**

作者：[美] 马蒂·奥尔森·兰尼　ISBN: 978-7-111-57505-4　定价: 45.00元